AF140909

Helmut Kropp

Kreuzfahrer

Impressum

Copyright 2015 Helmut Kropp

Fotos vom Verfasser und Unterlagen und Fotos von Aida und MSC
mit deren freundlicher Genehmigung

Herstellung und Verlag

BoD – Books on Demand, Norderstedt

ISBN 9783738641950

Vorwort

Ich freute mich vor allem auf die Kanaren und das Mittelmeer, nach der Ostsee, Norwegen, Karibik oder Dubai hatte ich wenig Sehnsucht.

Mit einer Kreuzfahrt, das war mir bald klar, kommt man preiswert an Orte, die man per Einzelreise nur schwierig und/oder teuer erreichen kann. Ich war noch nicht in der Türkei oder in Griechenland, das grenzte die Auswahl vorerst ein.

Viele Destinationen der Kreuzfahrer kannte ich schon von Landurlauben her (Genua, Marseille, Rom, Gibraltar, London, Göteborg. Kiel, Amsterdam, Malaga , Haifa etc.). Da musste ich nicht nochmals per Kreuzfahrt hin.

Die erste Erfahrung, die ich beim Suchen nach guten Angeboten machte, war die: für mich als Einzelreisender gelten all die tollen Sonderangebote („390 EUR!") nicht. Wenn man die im Internet anklickt und „1 Person" eingibt, ist keine Kabine mehr frei. Man bekommt dann meist auch zum doppelten Sonderangebotspreis nichts. Man muss, als Einzelreisender, hohe Zuschläge in Kauf nehmen.

Die Gebräuche an Bord haben sich in den letzten Jahren ja erfreulicherweise sehr verbessert. Schwarzer Anzug, Krawatte und Kapitänsdinner sind ja gottseidank out. Viele Kreuzfahrer legen aber großen Wert auf das Sonnendeck, Pool, Wellnessdienste, Sauna, Liegestühle, Nacktbereich und Balkonkabine, das ist auch heute noch so. Bei mir besteht aber für diese Angebote an Bord kein Bedarf.

Wie erwähnt, sind mir die Landausflüge wichtig und danach wurden die nachstehend beschriebenen Kreuzfahrten vorrangig ausgewählt.

Es folgen somit die Berichte aus den Jahren 2011 mit AIDA, 2013 mit COSTA und 2015 mit MSC.

Viel Spaß beim Lesen
Helmut Kropp

P.S. Nur COSTA hat mir keine Veröffentlichungsrechte für die an Bord gemachten Fotos erteilt, daher die magere COSTA-Ausstattung.

Tour Kanaren2 Aida sol 26.11.-.12.2011

Anmerkung: Im Atlantik gibt es drei bekannte Inselgruppen (von Norden nach Süden):

- die Azoren
- die Kanaren
- die Kapverden.

Das Angebot "AIDA Kanaren 2" fand ich auf der Tchibo-Homepage und von dort aus habe ich gleich online (ohne Reisebüro) gebucht.

Anreise zu den Kanaren

Also der TUI-Flug sollte am Samstag 26.11.2011 um 6 Uhr 20 ab München nach den Kanaren, Teneriffa Süd, gehen. Ein Anruf bei TUI ergab, dass der Check-In-Schalter 45 Minuten vor Abflug geschlossen werde. Das wäre dann um 5 Uhr 40 gewesen. Ferner sagte man mir, der Schalter werde 2 Stunden vor Abflug geöffnet, das wäre dann um 4 Uhr 20.

Im Ticket-Paket war auch ein Bahnfahrschein drinnen, mit "Rail Germany" nach "Munich Airport". Aber wie kommt man um diese verschlafene Uhrzeit zum Münchner Flughafen?

Internet war, wie immer, behilflich. Auf der Seite der Münchner Verkehrsgesellschaft MVG las ich, dass um 3 Uhr 05 ein Nachtbus ab Olympiazentrum zum Petuelring fährt, dort eine Nacht-Tram N27 wartet, diese zum Stachus und dort im Untergrund eine S8 zum Flughafen fährt, Reisedauer etwa 1 Stunde. Da käme ich zur Schalteröffnung von TUI gerade hin. Ich entschloss mich, diese Route zu riskieren und auf PKW (und Parkplatz am Airport) oder Taxi - beides sehr teuer - zu verzichten.

An Gepäck hatte ich meinen Rollkoffer und einen Rucksack (für die Ausflüge, darin Kamera, Pullover, Videokamera, Ladegeräte) mit. Wenn ich zurückdenke an die Zeit, als die Koffer noch nicht das Laufen gelernt hatten und wir mühsam schleppten, Gepäckträger und Gepäcktrolleys brauchten...

Als ich dann so um 2 Uhr 50 an der Bushaltestelle gegenüber dem BMW-Eingang stand, wunderte ich mich über den heftigen Taxi-Verkehr. Obwohl mitten in der Nacht: Jede Menge Wagen kamen zum Olympiazentrum und ins "Dorf" und fuhren die Lerchenauer-strasse, an mir vorbei, in die Stadt zurück. Eines der von mir gezählten 6 Taxis fuhr ganz langsam und blinkte mich an...

Um 3 Uhr 02, also 3 Minuten zu früh, kam dann der Bus, nur ein Passagier drin, der stieg dann am Petuelring mit mir gleich in die Tram N27 um, die sich dann überpünktlich in Richtung Stadt in Bewegung setzte. Im Laufe der Fahrt in die Stadt füllte sich überraschenderweise die Tram und am Stachus angelangt, war sie fast voll.

Im Untergrund kam dann auch die S8 sehr pünktlich und ohne weitere Vorkommnisse erreichte sie den Flughafen. Ich hatte noch nie das Münchner Nachtnetz getestet und war somit angenehm überrascht.

Der Check-In-Schalter der TUI (bzw. gleich vier davon) war dann gleich neben dem S-Bahn-Aufgang und es warteten dort schon so an die 100 Leute, manche davon mit Surfboard und anderen sperrigen Sportgeräten. Erstaunlicherweise waren die TUI-Leute trotz der frühen Morgenstunde topfit und fertigten uns rasch ab. So blieb noch Zeit für ein Kaffee-Frühstück am Flughafen.

Ohne besondere Vorkommnisse verlief dann der TUI-Flug nach Teneriffa Süd. Die Stuhlreihen in der 737 waren sehr eng, man bedrängte sich gegenseitig in bester Touristenklasse-Manier.

Immerhin gab es ein Rührei-Essen, das annehmbar war, und zweimal Getränke, ohne Aufpreis. Auch die Toiletten konnten frei benutzt werden. Die Flugroute führte über die Iberische Halbinsel in den Atlantik hinaus, wir konnten sogar Lissabon und "Cabo da Roca" (das Ende der Welt) von oben sehen.

Im Flugzeug sehe ich ein etwa dreijähriges Mädchen, das souverän einen i-Pad bedient!

Auffällig waren auch drei Eltern mit Babys in den Sitzreihen vor mir, deren Düfte gelegentlich durchs Flugzeug wehten. Es gab einen Film, dazu brauchte man aber einen Kopfhörer um EUR 3. Da es sich dabei um die Geschichte einer "American Football"-Mannschaft handelte, war ich nicht daran interessiert. Als Schüler habe ich 1946 diese Sportart zum ersten Mal in einem Film gesehen, den hatten die Amis nach Wien mitgebracht. Wir lachten uns darüber halbtot und nannten den Sport von da an "Raufball".

Pünktliche Ankunft, es war angenehm warm in Teneriffa Süd, lange warteten wir aufs Gepäck. Draußen waren schon die AIDA-Mitarbeiter und teilten uns auf die Doppeldecker-Busse auf. Der Hafen von Teneriffa, Sante Cruz, ist etwa 55 Busfahrtminuten vom Flughafen entfernt, es geht entlang der Ost-Küste nach Norden, und wir fuhren dann auch gleich los. Wir sahen auch den höchsten Berg der Insel, den Teide, auf den eine Seilbahn hinauf führt, aber weder bei der Hinfahrt noch bei der Rückfahrt war bei unserer Tour genug Zeit, etwas von Teneriffa zu besichtigen.

Angekommen im Hafen von Santa Cruz um etwa 13 Uhr war alles bestens vorbereitet. Die Koffer mussten ein Label mit der Kabinennummer auf Schiff haben und wurden dorthin angeliefert. Wir bekamen das wichtigste Dokument unserer Reise, die Bordkarte mit Strichcode. Damit konnten wir - nach gestrenger Gepäckkontrolle - sofort aufs Schiff und uns z.B. ins Restaurant stürzen, aber ins Zimmer noch nicht, das war noch nicht fertig.

Der Grund ist, dass an dem Samstag der "Gastwechsel" ist, wer zurückkam, musste raus und etwas später gleich die neuen Passagiere an Bord, ein Leerstand musste unbedingt vermieden werden.

Da lag nun das Prachtschiff "AIDA sol", brandneu, erst im Februar 2011 in Dienst gestellt, 12 Decks hoch, 1095 Kabinen, 680 Mann Personal, schönes Wetter, die Stimmung war exzellent. Ich hatte gehört, das sei ein deutsches Schiff und die Passagiere fast alle Deutsche. So war das dann auch, alle Ansagen erfolgten in Deutsch, alle Veröffentlichungen waren deutsch.
Foto: Aida

Ein Fotograf passte mich ab, hängte mir einen Schiffs-Rettungsring der AIDA sol um und knipste mich mit dem Schiff im Hintergrund. Ich fand das läppisch, aber das Foto war dann doch so gut, dass ich es einen Tag später auch kaufte.

All aboard!

Gleich beim Betreten des Schiffes wurde der Rucksack gescannt, man musste durch den Metall-Detektor durch und es wurde auch die Bordkarte eingelesen. Die brauchte man dann im weiteren Verlauf der Reise zum Öffnen der Kabinentüre und wenn man für einen Ausflug von Bord ging oder zurückkam, sonst an Bord nur für Extrawünsche, sonst fragte niemand mehr danach.

Wir kamen im 3.Deck ins Schiff und fuhren dann mit den vorderen sechs Aufzügen hoch. Ich marschierte gleich, noch mit dem Rucksack, ins "Markt Restaurant", ein Buffet-Restaurant. Beim Ein-gang wurden wir aufgefordert, unsere Hände (in einem bereit-stehenden Kasten) zu desinfizieren: auch in der Bordzeitung war unter "Gesundheit" der Hinweis, oft die Hände zu waschen.

Im Restaurant selber dort wartete eine beachtliche Auswahl an warmen und kalten Speisen, Vor- und Nachspeisen, auch Eis, auf uns. Softdrinks, Bier, sowie ein Rot- und ein Weißwein wie auch Sprudel, alle in der Karaffe, alles inklusive in der Vollpension! Ferner habe ich dort die beste Salami meines Lebens gegessen!

Wahrscheinlich hat es aber dort auch Zeitgenossen gegeben, die den international wet Sandwich, versehen mit einem nassen, verfaulten Salatblatt drin (wichtigster Bestandteil, von wegen Vitamine!) vermisst hatten.

Lediglich die (täglich wechselnden) Öffnungszeiten waren zu beachten: Frühstück, Mittagessen, Kaffee und Kuchen, Abendessen (bei Markt-Restaurant sogar zwei "Genießerzeiten") waren in der täglichen Bordzeitung ersichtlich. Es gab dann noch das Bella Vista Restaurant und das East-Restaurant, auch ein "Brauhaus" mit bordeigener Brauerei war dabei und das "California", das für Unverbesserliche auch 5 Sorten Hamburger und Pizza anbieten konnte!

Einmal dauerte ein Ausflug sehr lange, als wir zurückkamen, waren alle Restaurants schon geschlossen. Nun, dann bin ich ins California und bestellte mir einen Hamburger. Der war gratis, aber das Getränk war zu zahlen. Ferner musste man warten und bekam dann einen runden elektronischen "Wecker", der zu lärmen begann, wenn man den Hamburger abholen konnte. Ich holte also ab, der Hamburger war sehr trocken, also entfernte ich die Weißbrotober- und Unterteile und aß ihn, zusammen mit einer am Buffet erhältlichen Sauce, ohne Gebäck.

Weitere "a la carte"-Restaurants gab es auch noch, dort brauchte man die Bordkarte, zwecks Belastung des eigenen Kabinenkontos.

Bei größerem Andrang war das Freihalten des eigenen Platzes manchmal schwierig. Ich bin gewohnt, bei Buffet-Betrieb mir stets nur jeweils ein Gericht zu holen, dieses zu essen und dann das nächste Gericht zu holen. Andere (fußkranke) Zeitgenossen kommen da mit drei Tellern daher oder haben alle fünf Gerichte zusammen auf einen Teller gemanscht, um nicht nochmals aufstehen zu müssen.

Nun waren die Kellner angewiesen, benütztes Geschirr rasch abzuservieren, also war mein Platz ohne Geschirr und da wollten sich dann Leute hinsetzen, obwohl ich das Besteck und die Serviette für das nächste Gericht schon bereitgelegt hatte (die dachte, das sei für sie). Anderseits wollte ich nicht extra wegen dieser Platz-Kennzeichnung ein Kleidungsstück ins Restaurant mitnehmen. Aber wir haben uns dann immer geeinigt, ich bekam meinen Platz wieder und wenn sie nett waren, blieben sie auf den freien Plätzen desselben Tisches und wir kamen sogar gelegentlich in ein nettes Gespräch.

Später hörten wir dann, dass das Wasser an Bord durch Meer-wasser-Entsalzung bzw. Ionen-Austausch-Osmose gewonnen wird und die genannten Getränke (Soda-Wasser: kein lappiges "Mineral-wasser", Bier, Wein) im 2.Deck lagern und mit Druckleitungen in die Restaurants (z.B. im 9./10./11.Deck) geliefert werden. Also alles Hi-Tech!

Das an Bord gebraute Bier reicht nicht aus, deshalb gab es in den Buffet-Restaurants noch mindestens je 2 Bier-Zapfhähne, beschriftet mit "Hövels" und einer weiteren Berliner Sorte, etwa noch zweimal so viel Bier lagerte im Deck.

Die Bierbrauerei an Bord der Aida sol

Es waren an diesem ersten Anreisetag mittags nur wenige Gäste im Restaurant, das änderte sich aber schon am Abend. Essen und Trinken war ausgezeichnet. Ich gewöhnte mir einen Nachtisch mit einer größeren Portion Wasser-Melonenscheiben an, der Kellner lästerte "Oh, Vitamine!".

Auch eine gut bestückte Käsetheke gab es, sogar mit Roquefort und Gorgonzola, da griff ich zu, mit Bärlauchkäse, Käsewürfeln und diversen Hartkäsen hatte ich es nicht so sehr.

Und auch die Eistheke war perfekt: zwar täglich wechselnde Sorten wie Walnusseis, fast immer Bourbon Vanille, Erdbeereis, ein vielfarbiges Eis mit Phantasienamen, dazu Vanille- und Schokosauce.

Eine Theke war speziell nur für Pasteten da: ich probierte alle Sorten, sie schmeckten alle gut, aber in etwa gleich.

Nach dem Essen guckte ich aufs "Pool-Deck" und erkundete das Schiff, da kam auch schon die Ansage, dass die Zimmer bezugsfertig seien. Ich ging also aufs vierte Deck zu meiner Innenkabine und fand davor auch meinen Koffer. Mit der Bordkarte war die Türe zu öffnen.

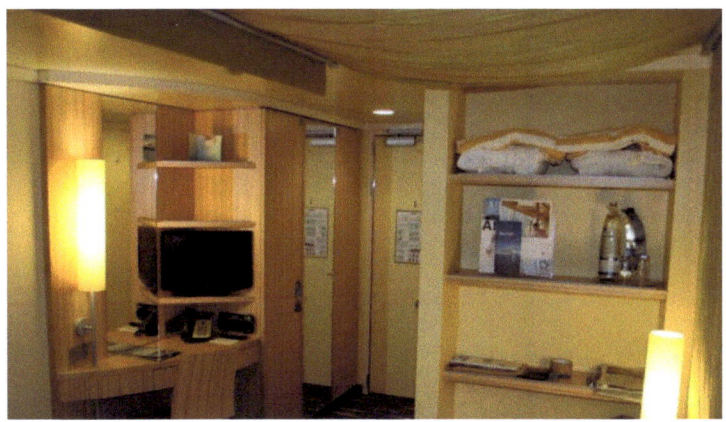

Ich war überrascht über die moderne und zweckmäßige Ausstattung der Kabine, drei Schränke (darin zahlreiche normale, keine "diebstahlsicheren" Kleiderhaken, mit Rutsch-Schutz!), Schreibtisch mit Fernseher und Computertastatur und Schubladen, ein ausreichend hohes Bett (sehr bequem), im Bad weitere zweckmäßige Ablagen über dem WC und bei der Waschmuschel, genug Platz für die Dusche und das bei optimaler Raumausnutzung. Da könnte sich manches deutsche "Luxus"-Hotel ein Beispiel daran nehmen.

Dass das Zimmer (bzw. die Innenkabine) kein Fenster hatte, hat mich nie gestört, ich war nur zum Schlafen bzw. zum email-Ansehen in der Kabine.

Heftige Klopfen an der Türe, ich benütze gerade das WC. "Mister Kropp, Mister Kropp!" Ich antworte, dass ich gerade am Klo bin, das hindert den "Housemaster" aber nicht, die Kabinentüre mit seinem Generalschlüssel zu öffnen, bei mir gewaltsam einzudringen und einen Briefumschlag am Tisch zu deponieren, ich bin verärgert, den hätte er auch außen an die Türe in das Brieffach stecken können.

Wie er dann weg ist, sehe ich nach, was denn da so wichtig war. Es stellt sich heraus, dass im Brief zwei Gutscheine für Getränke an Bord sind, aber nicht für mich, Kabine 4436, sondern für Kabine 4236. Schon klopft es abermals, ein weiterer Bediensteter möchte wissen, ob alles in Ordnung sei. Ich sage nein, da wäre ein Brief, der nicht mir gehört, er möge ihn zustellen. Das sei nicht seine Aufgabe, antwortet er, ich solle den "Housemaster" ansprechen, wo der sei und wer das sei, wisse er nicht.

Ich bin dann draufgekommen, dass unser schwimmendes Hotel AIDA sol im 5.Deck eine "Rezeption" hat, mit drei dienstbaren Geistern 24 h besetzt. Die waren fast für alles an Bord kompetent und dort konnte ich endlich den Brief loswerden.

Nach einem "Mittagsschläfchen" war es dann auch schon Zeit fürs Abendessen, wieder im Marktrestaurant, Essen sehr gut. Der philippinische Kellner bringt die Rotweinkaraffe, gießt ein und stellt sich vor und möchte den Rufnamen des Gastes wissen. Es war aber freie Lokal- und Platzwahl, bloß freuten sich die Philippinos, wenn man wieder in ihrem Bereich Platz nahm.

Im Zimmer war ein Karton-Aufsteller, mit dem Namen "Sheila", das war das Zimmermädchen. Ich behängte ihn mit einer 10 EUR Note als Trinkgeld, worauf Sheila mir tags darauf einige Dankeszeilen schrieb! Als sie mich dann ein paar Tage später am Flur vor den Kabinen entdeckte, bedankte sie sich nochmals lautstark und überschwenglich!

Im Zimmer gab es ein Fernsehgerät mit Fernbedienung, das war auch zugleich Computermonitor, die Tastatur lag separat dabei. Ferner das sogenannte AIDA "ITV", also es gab drei bis vier Kanäle digitales "Bordfernsehen" (ein eigenes AIDAsol-Programm, Heck-kamera, Bugkamera, mehrere deutsche FS-Programme etc., aber noch verbesserungsbedürftig, Artefakte = häufige Klötzchenstö-rungen bei Seitenwechsel) und dann ein Computerprogramm mit Infos über das Schiff, seine Technik, alle Einrichtungen, Ausflüge, eine email-Seite, eine Anzeige des Bordkontos in Echtzeit usw.

Das „Theatrium" der Aida sol

Flur und Treppenhaus der Aida sol

Nach einigen Schwierigkeiten funktionierte das email-Programm, jedesmal, ob ankommend oder abgehend, waren 50 cent fällig. Das war noch christlich, im Vergleich zum Internet-Terminal (bei der Rezeption). Dort verbrachte ich einmal 5 Minuten, das Netz war extrem langsam, und gleich waren 10 EUR fällig! Das habe ich dann sein gelassen.

Sonntag, 27.11.2011 Tour Teneriffa-Madeira

Ich war müde und deshalb bald im Bett. In der Nacht wachte ich auf, weil das Schiff am Samstag, 26.11.2011 um 23:00 Uhr abgelegt hatte und auf dem Weg nach Madeira etwas ungewohnt wackelte. Das war aber nicht ein Sturm draußen am Meer, sondern, wie uns der Kapitän über Lautsprecher dann um 8 Uhr früh erklärte, eine "Dünung", die komme als Ausläufer eines weit entfernten Sturm-gebietes jetzt zu uns und da die Wellen in etwa so lang wie das Schiff (über 200m) seien, gebe es diese Unruhe des Schiffes. Dagegen könne er auch nichts durch Ausfahren der Stabilisatoren machen. Er versicherte uns, dass die Rückfahrt von Madeira dann wesentlich ruhiger sein werde.

In der Kabine war oft ein "Grundgeräusch" zu hören, das kam von der Klimaanlage. Aber im Gegensatz zu anderen Hotels "zog" es auf der AIDA nicht! Trotz dieses Geräusches habe ich immer gut geschlafen.

Nur einmal wachte ich in der Nacht auf von ungewohnten Geräu-schen: als ob riesige Wassermengen herumfließen würden oder gepumpt würden. Ich ging dann hinaus auf Deck 5, da gab es tatsächlich eine kräftige Bugwelle, aber wahrscheinlich war der Neigungsausgleich oder die Stabilisatoren Ursache der Geräusche.

Beim Frühstück gibt es dann im gut gefüllten Marktrestaurant Bacon mit Rührei und Brot. Am Brotstand kann man, mit Tuch und Messer bewaffnet, sich selber Brot abschneiden. Da liegt ein leckerer Brotlaib, noch ganz, keiner traut sich. Den habe ich dann gepackt und mir was abgeschnitten, die Leute hinter mir stürzten sich dann auch alle auf diesen Laib.

Es fällt auf, dass auf der AIDA fast niemand ein Handy benützt. Die hatten wohl alle Angst vor den Kosten (unbegründet: ich habe ein paarmal - wichtig: In Sichtweite der jeweiligen Küste! - per Handy telefoniert, meinen Anrufbeantworter zu Hause abgefragt, einige SMS verschickt: zusammen EUR 5,-!). Auch kaum jemand ist mit Laptop oder i-Phone zu sehen.

Wie ich beim "Brauhaus" gegen 1/2 11 Uhr vorbeigehe, sehe ich einen besonderen Stand mit Weißwürsten und Brezeln oder Salz-stangen. Sie sind gratis, d.h. enthalten, nur die Getränke sind zu zahlen, ich bestelle ein kleines Bier dazu um EUR 1,80.

Am Sonntag, den 27.11 2011 sind wir also gegen 18 Uhr in Funchal (heißt "Fenchel") auf Madeira, das zu Portugal gehört. Gegenüber am Kai legt ein weiteres, großes Schiff an, es ist die "Queen Victoria". Ich versuche, über den Kai näher zu diesem Schiff zu kommen, es ist schon finster und der Kai von Sicherheitskräften bewacht. Sie haben mich aber nicht angesprochen, vor dem Hafengebäude, an dem die Queen Victoria liegt, ist dann Schluss. Erst am nächsten Tag bei der Ausfahrt war das Schiff gut zu fotografieren.

Ich gehe bei einem dort parkenden Taxi vorbei und sage "Buenos tardes!" aber der bessert mich gleich aus und sagt "Boa Tao!" und bemerkt in englisch, die Portugiesen würden die Spanier verstehen, aber die Spanier verstünden die Portugiesen nicht.

Beim Verlassen des Schiffes war die Bordkarte vorzuzeigen, sie wurde gescannt (wie im Supermarkt), bei der Rückkehr ebenfalls. So wussten sie immer, ob alle an Bord sind.

Montag, 28.11.2011 Madeira (portugiesisch)

Am Montag um 10 Uhr 20, also gleich nach dem Frühstück, war "Seenotrettungsübung". Man musste also in der Kabine sein, denn dort war die mit der Kabinen-Nummer beschriftete Schwimmweste und mit der wurden dann alle auf Deck 5, wo unser Treffpunkt war, nach Ertönen des Alarmsignals als teilnehmend erkannt.

Ich hatte die Weste nicht richtig angelegt, aber ein Steward half dem sofort ab, dazu war ja die Übung da. Nachdem sich die Bordfoto-grafen der AIDA gehörig ausgetobt hatten, durften wir wieder "nach Hause" gehen und die Weste wieder in den Schrank stopfen.

Nachmittags dann der erste Bus-Ausflug "MAD03", genannt "Maler-ische Aussichten". Es gelingt mir, einen erhöhten Sitzplatz in der ersten Reihe, gleich über dem Busfahrer (Fatima, eine Busfahrerin!) zu ergattern und kann dann bestens von dort filmen.

Zuerst geht es ganz hoch hinauf, etwa 1000m hoch ab Meersspiegel, zum "Eira do Serrado". Von dort hat man einen fantastischen Blick in einen ehemaligen Vulkan-Krater, auf dessen Boden eine Siedlung ist. Diese wiederum ist über ein Tunnel von unten her erreichbar.

Das Nonnental vom „Eira do Serrado" aus gesehen

Camara de Lobos

Dann geht es weiter zum "Cabo Girao", wo man einen schönen Blick auf Madeira und das Meer hat, und über den Pico de Torre (ein weiterer Aussichtspunkt) geht es wieder hinunter nach Camara de Lobos, wo eine "Poncha"-Probe stattfindet.

Poncha ist ein sehr süßes alkoholhaltiges Getränk, der Wirt hat heftig zu tun, die Fahrgäste aller drei Busse zu bedienen. Gegenüber ist ein Haus, in dem Churchill immer gewohnt hat, wenn er in Madeira war; dann zurück nach Funchal zum Schiff. Der Ausflug kostete EUR 38,75 im Online-Vorverkauf.

Um 17:00 Uhr ist dann Abfahrt des Schiffes, an der Queen Victoria und einem TUI-Schiff vorbei. Anscheinend alle Mitreisenden sind an Deck, kein Platz ist frei. Die Wellness-Typen stört das nicht, sie baden unterdessen in den diversen Becken am "Pool-Deck". Das Schiff hat im Bug über mehrere Decks hinweg einen ausgedehnten Wellness-Bereich mit allen möglichen Behandlungsstätten und Einrichtungen und besonderen Kabinen für Wellnessfanatiker gleich nebenan, nicht unten im Bauch des Schiffes, wie wir armen Sterblichen.

Für alle gibt es die Liegestühle am Pooldeck, überall verstreut, in großer Zahl. Trotzdem gilt an Bord die Regel: Mit einem Handtuch darf man einen Liegestuhl maximal 20 Minuten lang reservieren.

Es gab dann zwei Nachmittagsevents, die hießen „Officer Shaking" und „Crew Shaking". Da wurden nicht etwa die AIDA-Mannschaften geschüttelt, vielmehr mixten diese ein oder zwei Getränke verbilligt an Deck beim Pool, es gab flotte Musik und es wurde Zuspruch der Passagiere erwartet, zwei oder mehr Bons sollten es schon sein.

Dienstag, 29.11.2011 La Palma (spanisch)

Um 10:00 Uhr sollen wir in La Palma sein. Schon lange vorher sehen wir die Insel.

An Deck der Aida sol

Es gibt eine Mannschafts-Vorstellung für die Passagiere am Pool-deck, außerdem ist jeder Offizier in der Bordzeitung mit Foto vor-gestellt.

Es treten dort aber nur Offiziere an, erkenntlich an den weißen Hemden und den "Schulterstreifen" (2, 3 oder 4). Zum Offizier wird man ernannt, es gibt keine festgeschriebene Laufbahnordnung.

Der Kapitän hält bei der Vorstellung der Offiziere eine Ansprache und meint unter anderem, das Schiff sei doch sehr autark, aber "Eier legen können wir nicht".
Und dann riet er uns, wenn es draußen brenzlig werde, sollten wir auf sein Schiff kommen, denn "wir können über 6 Wochen durchhalten!"

Einzige Bekleidungsvorschrift an Bord: Herren zum Abendessen bitte mit langer Hose!

Manche Passagiere machten sich Sorgen, wo denn die dienstbaren Geister des Schiffs, wie Zimmermädchen, Kellner, Köche, Offiziere etc. übernachten würden.

Da gab es - so ein Bericht unserer Bordbetreuerin - Meinungen, z.B. als ein Schiff hinter der AIDA her fuhr, das sei für die Bediensteten des Schiffes und sie würden spät abends mit einem Boot dorthin übergesetzt und in der Früh wieder zurückgebracht werden.

Ein anderes Gerücht besagte, die Angestellten würden täglich mit dem Helikopter an Land gebracht und in der Früh zur AIDA zurück. Das wurde herumerzählt und prompt kamen Beschwerden über den unerträglichen Hubschrauberlärm nachts.....

Der Ausflug gleich um 10:00 Uhr "LAP03" ging "Zu den Vulkanen von La Palma". Der Bus fuhr aber zuerst nach Fuencaliente zu einer Weinprobe; das Lokal lag praktischerweise nicht weit weg vom ersten Vulkan "San Antonio", von dem auch der Vulkan Teneguia zu sehen war. Der war ja erst 1971 ausgebrochen.

La Palma ist, so wurde uns erzählt, die regenreichste Insel der Kanaren. Der Weinbau auf den Kanaren erfolgt nicht auf Stöcken, sondern die Reben liegen am Boden (wegen des ständig wehenden Windes).

Zuerst kommt also die Erde, dann darauf schwarzes Lavagestein bzw. Lavasand. Dieser Belag sammelt in der Nacht Feuchte und gibt sie an den Boden ab und schützt die Erde vor dem Verwehen und Austrocknen. Zusätzlich werden die Weinfelder mit Lavagestein-Mäuerchen geschützt

Der berühmteste Wein ist der Malvina, sehr teuer, eine Flasche 30 EUR. Billigere Weine gibts schon um 5 EUR.

Weinberg in La Palma

Dann fuhr uns der Bus zu einer Töpferwerkstatt "El Molino", weil in einer ehemaligen Windmühle (mit den bekannten dürren Flügeln). Der Töpfer war tätig und erklärte uns - über die dolmetschende Führerin - was er da alles gemacht hatte. Das war so eine Art Existenzgründung mit alten Arbeitsverfahren und Hilfsmitteln. Ein großer Laden mit vielen grauschwarzen Töpfen etc. war angeschlossen, aber viel gekauft wurde dort (in Anbetracht der Preise) wohl nicht.

In der AIDA-Bar (an diesem Abend in "Haifischbar" umgetauft) fand dann das Konzert des Shanty-Chors der Offiziere statt, ich genehmigte mir ausnahmsweise einen Drink, das tue ich sonst nicht.

Er hieß "Funky", war mit Gin und kostete EUR 7,20! Wie üblich, war er überreich dekoriert mit Orangenscheibe, farbiger Stange mit Minibanane und Blüte, ja und was zum Trinken war auch noch drin...

Ich diskutierte dann mit einer Dame der Rezeption (in Ermanglung eines Gesprächs mit der Veranstaltungsleiterin), im Programm des Shantychors sei eigentlich nur ein einziges Shanty "What shall we do with the drunken sailor" gewesen, ein Shanty sei ein Arbeitslied und hätte nichts mit "im Hafen schlafen", "Auf der Reeperbahn nachts um halb eins" und ähnlicher deutscher Schlagerromantik zu tun. Das wollte die Dame aber alles nicht hören, sie war ungehalten, ich solle doch den Offizieren ihren Spaß lassen.

Die Reisenden auf der AIDA sind zumeist Ehepaare, relative viele Frauen zu zweit und Männerpaare.

Einige wenige Familien mit Kleinkindern. Wenige Frauen allein (ich sah nur eine auffällige Blondine mit Popomanschette), fast keine Männer allein. Auch Behinderte im Rollstuhl! Wenn diese einen Ausflug machten, waren vier Bedienstete des Schiffes da, die den Rollstuhl samt Insassen die Gangway hinunter zum Bus tragen mussten. Durchschnittsalter der Reisenden, geschätzt: etwa 40 Jahre.

Um 20:00 Uhr wird La Palma verlassen, es geht nach Gran Canaria.

Im Freiluft-Bordkino ist abends der berühmte Film "The King Speech" angesagt. Es ist frisch, die Gäste auf den Liegestühlen haben sich reichlich mit Decken versehen. Ich sehe mir den Anfang an: Da ist das Sendestudio der BBC, uralte Gerätschaften, Riesen-Kontroll-Messinstrumente, in einem Ring aufgehängtes Mikrofon.

Der King hat ein Manuskript, das er die meiste Zeit liest, aber er bewegt nur die Lippen und spricht nicht, nur ab und zu kommt ein rauer Ton an seine Zuhörer heraus. Das habe ich dann doch sehr deprimierend gefunden und bin gegangen.

Mittwoch, 30.11.2011, Gran Canaria

Wir kommen um 8:00 Uhr nach Gran Canaria, der Hafen ist in Las Palmas, der Inselhauptstadt. Hier ist schon eine viel üppigere Bebauung als in La Palma.

Gleich um 8:00 Uhr startet der Ausflug GRA05: "Ein erster Über-blick". Der Bus fährt uns zum Bandama-Krater, dazu muss er sich eine enge Bergstraße hinaufquälen.

Nach diesem Fotostopp geht es weiter zum Städtchen Teror mit schöner alter Kirche.

Dann weiter nach Arucas, wo wir eine Kathedrale, ganz aus grauem Gestein gebaut, bewundern.

Dann fährt man uns noch zu einem Aussichtspunkt über Las Palmas.

Viele Felder sind mit grauen Planen bedeckt, man erklärt uns, das seien Bananenplantagen. Die kanarischen Bananen sind viel kleiner als z.B. die afrikanischen oder karibischen, dafür aber viel schmackhafter. Sie werden nur nach Spanien oder Portugal exportiert. Wenn eine Bananenstaude einen Fruchtstand hat, wird dieser abgeschnitten, die Pflanze ist dann verbraucht und wird entsorgt.

Auch sieht man viele Zuckerrohrfelder auf den kanarischen Inseln, die Zuckerausbeute ist - so sagt man uns - aber eher mäßig.

Wunderbar auf Madeira und den Kanaren sind aber die Blumen: Weihnachtssterne wachsen am Strassenrand, Bougainvillensträucher, Hibiskusblüten, Strelizien, Kakteen, Orchideen diverse Arten usw.

Das Wetter ist fast immer trocken, nur einmal gab es leichten Sprühregen am Schiff. Temperatur zwischen 18 und 24 Grad, gelegentlich etwas Wind.

Um 20 Uhr ist Abfahrt, es geht nach Fuerteventura, der Hafen ist
Puerto del Rosario (Rosenkranzhafen), wo wir wieder um 8:00 Uhr
ankommen.

Donnerstag, 1.12.2011 Fuerteventura

Hier hatte ich keinen Ausflug gebucht, da hauptsächlich Sport-Aktivi-
täten, wie Radfahren, Trike-Fahren, Quadrike-Fahren, Tauchen,
Schnorcheln, Joggen inklusive "Segway"-Fahren, angeboten wurden. Somit alles in der Mittagshitze und sehr anstrengend.

Auf Anfrage bei der Rezeption wurde mir ein Ausflug "Aida intern",
also die Technik im Schiff, angeboten, was ich trotz des hohen
Preises von EUR 85,00 sofort annahm. Allerdings war für diesen
"Ausflug" ein Foto- und Filmverbot verhängt. Dafür aber war ein
Imbiss mit Brötchen und Sekt enthalten und zwischendurch nochmals ein Erfrischungsgetränk. Dazu wurde eigens die Bar am Bug
des Schiffes, in der Aussichtskanzel, von einem Crewmitglied
aktiviert. Ferner gab es eine DVD über die Technik der AIDA und,
ganz toll, ein Foto mit dem Kapitän auf der Brücke! Letztere beide
wurden dann am nächsten Tag in die Kabine nachgeliefert.

Foto:
AIDA

Nun so fanden sich etwa 20 Personen ein und zuerst sahen wir uns das "Theatrium", die Bühne über drei Decks (9./10./11.), von hinten an: technische Steuerung, Beleuchtungstechnik, Ton- und Videotechnik, Regiepult, Krananlage, Nebelmaschine, Laserscheinwerfer, Schiebe-, Hebe- und Drehbühnen, Künstlergarderoben, Kostümlager mit automatischer Ein- und Auslagerung usw. Dann das bordeigene Fernsehstudio in der zweiten Etage des Theatriums.

Dann ging es zum "Provisioning", also zu den Lagerräumen für Lebensmittel und sonstigen Bedarf des Schiffes, unten am 2.Deck. Große Kühlräume für Obst und Gemüse gab es zu besichtigen. Beim Gemüse erregten große Kisten mit riesigen Möhren besonders die Heiterkeit der Damen... Ferner Eier-Lagerräume, Lager für Bier, Wein, Getränke usw. Auch Lager für Papierwaren, Servietten, Klopapier und ähnlichen Bedarf waren zu sehen.

Dann erschien der Chefkoch, sehr eloquent und witzig, und führte uns in seinen Bereich, man konnte überall zusehen, es wurde gerade das Mittagessen vorbereitet. Ich fragte, wer schneidet die Zwiebel, aber das war eine Maschine. Zur Küche gehörte auch ein Aufzug in die Lager und Restaurants, im übrigen hatten alle diese Service-Bereiche ihre eigenen Aufzüge und Treppenhäuser, komplett von denen der Passagiere getrennt. In diesem Bereich waren viele Philippinos zu sehen. Natürlich werden auch Brot und Semmeln an Bord täglich frisch gebacken.

Ich frage, was mit den Abfällen geschieht. Diese werden getrennt gesammelt und aufwändig "biologisch abgebaut" (der Koch sagt: Das sieht dann schlussendlich wie Erde aus) und dann an Land kompostiert.

Das Trinkwasser kommt, wie schon erläutert, aus dem Meer durch Meerwasserentsalzung, das Abwasser wird an Bord geklärt und dann an Land gemäß Vertrag entsorgt.

Dann in die Wäscherei, die Chefin sagte, hier sei der Stammplatz der Chinesen. Die Waschmaschinen fassten 350 kg, die Trockner 150 kg Wäsche! Handtücher sah man, wie sie in die Bügelmaschine hineinliefen, am Ende kam ein Greifarm und legte sie nicht nur zusammen, sondern auch gleich auf den Stapel.

Und dann war der Maschinen-Steuerstand dran. Das Schiff hat vier Dieselmotoren von MAK Kiel, je 12.000 PS, von denen lief aber nur einer, da das Schiff im Hafen vor Anker lag. Das Zu-und Abschalten der Motoren erfolgt vollautomatisch, je nach Bedarf. Im Steuerstand bekamen wir alles ganz genau erklärt, für jede Funktion konnte der "Wachhabende" einen eigenen Bildschirm aufrufen.

Die Dieselmotoren werden mit Schweröl betrieben, in den Häfen der EU muss aber aus Umweltschutz-Gründen auf Dieselöl (Heizöl extra leicht) umgeschaltet werden. Diese Diesel-Motoren betreiben je einen Generator und mit deren Strom werden dann die Motoren der zwei Schiffs-Schrauben bedient. Also wie eine dieselelektrische Lokomotive!

Dann wären noch die zwei Ruder zu erwähnen, die im Hafen von vier Wasserstrahl-Antrieben ergänzt werden. Diese sind aber fürs Fahren zu schwach, sie sind nur zum Rangieren bei kleiner Fahrt da.

Ferner gibt es ausfahrbare "Stabilisatoren" und was ganz wichtig ist, Ballasttanks, die das Schiff in horizontaler Lage halten und von der Brücke aus kontrolliert werden.

Und dann, als Höhepunkt, Besuch auf der Brücke. Alle Mann dort sind mit der komfortablen Steuertechnik gut vertraut und sehr gelassen. Der Chefoffizier erzählt uns, im Hafen komme oft noch ein Lotse an Bord, mit eigenem kleinen Motorboot, aber vielerorts sei das freiwillig, für manche Häfen gebe es gar keinen Lotsen.

Die beiden Riesenkugeln (Radome) an Bord sind fürs Fernsehen, Internet, Datenübertragung der Passagiere, die beiden kleineren Radome für die Navigation des Schiffes. Radio gibt es auf der Brücke von der Lang- bis zur Ultrakurzwelle alles, was nur möglich ist. Und dann kam auch noch der Kapitän aus seiner Kabine (die ganz nahe bei der Brücke ist) und beantwortete unsere Fragen und stellte sich für das schon erwähnte Foto zur Verfügung.

Damit war die Führung um die Mittagszeit beendet, ich bewegte mich dann noch in das Asia-Restaurant und, da noch Zeit war, machte ich danach noch einen Stadtrundgang in Puerto Rosario.

Da gab es nicht besonders viel zu sehen, wenn man eine Gasse entlang blickte, konnte man dann immer die AIDA sol ganz oder teilweise sehen.

In einem chinesischen Laden (Ramschgeschäft) kaufte ich dann einen Taschenkalender 2012 für 1,50 und eine Schuhcreme schwarz für EUR 1,-, da durch die vielen Ausflüge mein Schuhwerk einer Aufpolitur bedurfte.

Abends um 18:30 h war dann das schon erwähnte Tappas-Dinner im a-la-carte-Restaurant Rossini dran (siehe gesonderte Schilderung im Anhang dieser Reise). Derweil legte das Schiff ab nach Lanzerote, der letzten zu besuchenden Insel, Ankunft in Arrecife in der Nacht um 0:00 Uhr.

Freitag, 2.12.2011 Lanzerote

Lanzerote ist eine Insel schon ganz nahe an Afrika, wie alle anderen Kanaren vulkanischer Natur (hier ist besonders alles schwarz), nur die Häuser müssen gemäß Order von Cesar Manrique alle weiß gestrichen werden.

Der Ausflug LAN01 um 9:30h führte dann durch Arrecife auch zu "Cesar Manrique", das heißt, u.a. auch zu der Strassenkreuzung, an der er seinen tödlichen Unfall erlitten hatte (dort und an weiteren

Kreuzungen stehen Metall-Mobiles von ihm), dann nach Teguise, der alten Inselhauptstadt und dann endlich zu seinen Jameos del Agua.

Das ist ein unterirdisches Höhlensystem, stellenweise nach oben offen, das aus einem Lavatunnel entstanden ist, mit einem See drin, in dem weisse Krebschen sich tummeln.

Die Jameos enthalten darüber hinaus weitere Manrique-Mobiles, vier Bars, einen Swimmingpool und Andenkenläden, jedoch Fremdenführer durch sie sind nicht zugelassen.

Dann weiter zu einem schönen Aussichtspunkt Mirador del Rio, mit einer Aussichtskanzel im Felsen (und zwei Metall-Mobiles von Manrique) und Blick hinunter zur Inselgruppe La Graciosa, und einem weiteren Aussichtspunkt Haria mit "Fotostopp".

Der Führer erzählte uns im Bus, Omar Sharif habe sich auf Lanzerote ein Haus gekauft. Da er aber viel Bridge gegen Geld spielte, habe er das Haus wieder verspielt.

Mit EUR 51,90 war dieser Ausflug der teuerste, aber auch er dauerte nur 4 Stunden.

Das Problem bei allen diesen Ausflügen: Man sah immer nur einen Teil der Insel, für eine umfassende Besichtigung wären wohl einige Tage nötig.

Um 17:00 Uhr sollte Abfahrt zurück nach Teneriffa sein, was sich aber etwas verzögerte.

Samstag, 3.12.2011 Teneriffa, Hafen Santa Cruz

                    Ende der Kreuzfahrt

Aus-Checkzeit am Abreistag für die Kabine war 9:00 Uhr, zuvor konnte man noch zum Frühstück gehen. Ich stellte fest, dass das Ange-bot im Marktrestaurant leicht reduziert war. Immerhin gab es, wie schon an den Tagen zuvor, auch Eier und ich war (nicht verwöhnt durch deutsche Restaurant-Frühstücke) gespannt, wie hart es wohl- sicherheitshalber! - sein werde. Groß die Überraschung, das Ei war perfekt kernweich! Da hat wohl die AIDA-Technik ihren Anteil daran.

Ich bin dann gegen 8:15 Uhr fertig, gehe ganz einfach vom Schiff zum Bus. Der ist fast voll und fährt auch gleich los, obwohl die offizielle Abfahrt erst um 8:45 Uhr ist. Das Angebot, den Koffer vom Schiff zum Bus befördern zu lassen, habe ich nicht wahrgenommen, das kann ich leicht selber.

Am Flughafen Teneriffa Süd ist eine barsche Bedienstete der Iberia tätig, aber ich bekomme meinen Gangplatz, wie gewünscht. Vom Rollfeld aus kann man noch schön den "Teide" sehen, den Besuch muss ich wohl auf ein andermal verschieben.

Pünktlich geht der TUIfly-Flieger ab. Zum Essen gibt es diesmal einen genießbaren Salat mit Karotten, Kraut und Blattsalat, fein geschnitten.

Es folgen entweder Spinat-Tortellinis (nein) oder "Rinderstreifen" (ja), aber von Streifen keine Spur, lauter Brocken, dazu grüne Bohnen, Kartoffel und Sauce, alles sehr heiß. Dann ein Marillenkuchen, Tee oder Kaffee dazu sind frei. Es kommt eine Anzeige, dass wir gegen 17 Uhr in München sein werden.

Ich gehe zur Toilette vorne im Flugzeug, eine Stewardess fragt mich: "Kennen Sie einen Nestbacklöffel ?" Ich habe so was schon mal gesehen und zeige ihr meine linke Hand, nach oben, die Finger formen ein "Nest". Sie ist entzückt.

Ich habe gesehen, dass sie vorher den Taxfree-Verkauf gemacht hat, mit Zigaretten, Parfüm etc. Ich sage: Da bieten Sie einem Passagier ein After-Shave an. Der Fluggast aber sagt: Ich rasiere mich nur im Gesicht. Alle Stewardessen lachen und sagen, der sei sehr gut.

Ich nütze die 4 1/2 h Flugzeit zum Notieren aller wichtigen Ereignisse der Woche und schreibe mein ganzes kleines Notizbüchlein voll.

In München angekommen, findet um 18 Uhr in der Kapelle des Flug-hafens einen Vorabend-Gottesdienst statt, aber nicht von einem Priester, sondern von einem Diakon aus dem nahegelegenen Aufhausen (an der S-Bahn nach Erding), eine "verkürzte" Messe.

Ich kaufe mir noch einige Sachen zum Essen in der Ladenstrasse des Flughafens, denn bis 20 Uhr schaffe ich es nicht in die City. Mit der S-Bahn und meinem anfangs erwähntem AIDA-Ticket komme ich dann gut nach Hause.

Das Nachwiegen auf der Waage zu Hause ergab, dass ich 1kg zugenommen hatte....

Das Tapas-Dinner

Irgendwo in der Reisebeschreibung der AIDAsol war auch die Rede von einem "11-gängigem Tapas-Dinner" im a-la-carte-Restaurant Rossini an Bord, Leitung Frau Braun, das inklusive sei, Getränke extra.

Das hatte ich schon fast vergessen, aber ich bekam eine Notiz an die Kabinentür, es wurde darin um Anmeldung gebeten. Ich tat dies und suchte das Restaurant Rossini auf, wurde aber schon am Eingang von der Rezeptionistin abgefangen, die mir für den Donnerstag, 1.12.2011 um 18:30 Uhr einen Dinner-Termin verpasste. An diesem Tag lagen wir vor Fuerteventura, Abfahrt des Schiffes um 19:00 Uhr nach Lanzerote.

Ich war dann pünktlich dort und bekam an einem Zweiertisch einen schönen Sitzplatz, mit Blick auf das ganze Lokal. Insgesamt waren etwa 50 Personen im "Rossini" versammelt. Irgendwie lag der Tisch günstig, denn wenn ein neuer Gang aufgetragen wurde, bekam ich immer einen der ersten Teller.

Das „Tapas"-Restaurant

Es gab einen Korb mit "Jourgebäck" (Minisemmeln, Minibrötchen), dazu eine nach Mohn schmeckende Paste, die nicht gut war. Der Kellner erklärte mir dann, das sei ein Olivengericht gewesen. Das Jourgebäck wurde sogar einmal nachgeliefert (ganz unüblich wie sonst)!

Getränke waren separat zu begleichen, ich wählte mir nach Anforderung der Getränkekarte und einiger Überlegung zuerst einen Sherry medium und dann einen Rose-Schoppen, zum Schluss eine Bitter Lemon: zusammen 11,80 EUR.

Die Getränkeempfehlung lautete: Weißwein Sauvignon Blanc um 29,00 EUR und Cabernet Sauvignon zu 19,50 EUR. Auf Befragen teilte mir mein Kellner mit, das sei jeweils ein Liter, also das wollte ich doch nicht auf mich nehmen. Ferner sagte er, auch der Sprudel sei zu bezahlen.

Beim Eingießen der Getränke fiel mir auf, dass sich dabei die Kellner mit der linken Hand an den Popo fassten.

Das Menü lief dann wie folgt ab:

- Gazpacho

Diese spanische Gemüsesuppe kannte ich von unserem Urlaub in Estepona, im Hotel Atalaya, dort hieß sie "Gazpacho Andaluz".
Sie war sehr gut, aber nur ein kleines Cocktailglas voll.

- Tortilla

Also diese spanische Speise ist ja bekannt, auch sie war gut.

- Las Palmas Gamba mit konfierten Tomaten an Chorizofumet

Das klingt schon recht spanisch-exotisch, es war trotz der Fieslerei mit dem Fischpanzer sehr gut, das beste Gericht des Tappas-Dinners.

Nachträgliche Forschung, was "konfiert", "Chorizo" und "fumet" heißt: Chorizo ist eine spanische Wurst mit viel Paprika, konfieren heißt "Garen im eigenen Saft" und für ein Chorizofumet gibts bei Google sogar ein Rezept. Das Garen erfolgt dabei mit Zugabe von Schalotten, Kirschtomaten, Paprikaschoten, Pecorino, Aquavit, Fischfond und Olivenöl, also nicht nur "mit eigenem Saft".

- An diesem Punkt war der ursprünglich aufgelegte Besteck-Vorrat aufgebraucht und ein Kellner brachte drei weitere Bestecksätze.

- Empanadas mit Manchego Schaum

Das war ein Teig mit leckerer Tomatensauce und war gut.

- Hummerbisque

Auf deutsch: Hummersuppe, sie wurde serviert in einer weißen Keramikscheibe mit Mulde, die einem Klodeckel nicht unähnlich sah. Das tat dem Genuss nur wenig Abbruch, sie war gut, und inzwischen war es 20 Uhr!

- Gebratenes Filet vom Lupino auf Safaran Paellarisotto

Da war die Fischhaut noch dabei ("gehört sich" wahrscheinlich so), no, es ging noch so, das Gericht schmeckte deutlich nach Chlor (vom Lupino?)

- Joghurt-Vanille-Sorbet

Das Gericht wurde auf einem Glaslöffel (!) serviert, war flüssig, eisig gut.

- Rinderfilet im Olivenmantel mit Rosmaringnoccis, Mojo Verde und einer Knoblauchjus

Also vom Knoblauch habe ich nichts bemerkt. Das Filet war gut gebraten, der "Mantel" nur dünn und gut, sehr schmackhaft.

Mojo Verde: Die Mojos gehören zur kanarischen Küche, es sind Saucen mit Petersilie oder Korianderkraut. Nach dem Verzehr war ich üppig gesättigt. Dieses "Hauptgericht" bedeutete auch das Ende des Jourgebäcks, es wurde abserviert/eingesammelt.

- Serrano-Käsecreme mit Tomatenmarmelade

schmeckte sehr stark nach Käse

- Sangria Shooter

schmeckte typisch sangriaparfümiert

- Crema Catalana mit Espressogelee und weißem Mandeleis
war sehr gut

Damit war es 21:41 Uhr, das Tapasdinner mit seinen 11 Gängen hatte somit über 3 Stunden gedauert, leider habe ich damit die Abendshow im Theatrium versäumt.

Im übrigen hätte dieses Tapasdinner, wie aus der Speisekarte zu ersehen, EUR 39,50 gekostet.

Mir gegenüber war ein weiterer Zweiertisch, da saßen zwei Männer mit eigenartigem Gehabe: Fast nach jedem Gang, den sie sofort verzehrten, standen sie auf und verließen gemeinsam das Lokal, aber zum nächsten Gang, der nach etwa 15-20 Minuten kam, waren sie wieder da, verzehrten ihn, verschwanden usw. bis zum vorletzten Gang, da kamen sie nicht mehr zurück. Was die wohl inzwischen getrieben haben?

Dann kam noch Frau Braun, um sich zu erkundigen, ich sagte, es sei sehr gut gewesen.

Dann wollte ich eigentlich dem Kellner noch ein Trinkgeld geben, aber der hielt sich konstant fern und kam nie wieder, sodass ich dann in meine Kabine ging.

Salon im Heck der AIDA sol

Rundreise Griechische Inseln 5.-12.7.2013
mit "Costa Mediterranea"

Nach dem Unfall des Kreuzfahrtschiffes Costa Concordia vor Giglio waren die Preise der Kreuzfahrten mit dieser Gesellschaft recht gut ermäßigt.

Ein Italiener, den ich in Friedrichshafen traf, sagte mir: "Genua? - Costa Concordia! - Commendatore Schettino - Porco Cane!"

Übrigens: "Costa Quanta" heißt: was kostet es?

Im Internet gab es "Sonderangebote" und mich interessierten: Die griechischen Inseln. Ich war zuvor noch nie in Griechenland. Eine Tour gefiel mir besonders: Heraklion auf Kreta - Santorin - Mykonos - Izmir - Samos - Kos - Rhodos - Kreta. Da war nur eine türkische Stadt (ich war auch noch nie vorher in der Türkei gewesen) dabei und ohne Athen, Antalya etc., das war mir recht.

Reiseroute:

Freitag 05.07.	Heraklion Abfahrt 23:59 h
Samstag 06.07.	Santorin Ankunft 09:00 h , Abfahrt 20:00 h
Sonntag 07.07.	Mykonos Ankunft 08:00 h, Abfahrt 19:00 h
Montag 08.07.	Izmir (Türkei) Ankunft 09:00 h Abfahrt 12:00 h
Dienstag 09.07.	Samos Ankunft 09:00 h Abfahrt 22:00 h
Mittwoch 10.07.	Kos Ankunft 08:00 h Abfahrt 19:00 h
Freitag 11.07.	Rhodos Ankunft 07:00 h Abfahrt 21:00 h
Samstag 12.07.	Heraklion Ankuft 08:30 h

Gebucht habe ich dann schon im August 2012 bei Smaragd Seerei-sen, in der Verdistrasse, Zahlung mit Kreditkarte war nicht möglich, nur für die Reiseausfallversicherung, ich musste einen Großteil schon fast ein Jahr vorher bar zahlen. Die Landausflüge buchte ich erst einen Monat vor Abreise. Dann gab es noch eine Stornierung der Anreise durch die Fluggesellschaft, die mich verärgerte, da sie mit einer Umbuchungsgebühr von Smaragd Seereisen belegt wurde.

Man sagte mir immer: "Sie haben ja keine Flugreise zusammen mit der Seereise gebucht!" also mir die Schuld zuzuschieben versucht. Dabei gab es gar keine Flugreise im Costa-Angebot! Diese gab es nur für Italien-Reisende, hin- und zurück nur nach Orten in Italien, das kam erst nach der Seereise heraus. Also München-Heraklion mit der Air Berlin, zurück mit der TUI.

Zu klären war noch der Transfer Flughafen-Schiffanlegestelle. Leider war da Smaragd ziemlich inkompetent, es wurde von einem Trans- ferticket um 13 EUR von Costa gesprochen, dann sollte der Transfer 15 bis 30 EUR kosten, geliefert wurde weder dieses noch das Rück- transfer-Ticket. Dabei war es in Heraklion ganz einfach, das hätte Smaragd als Seereisespezialist eigentlich wissen müssen. Bei Aida war hingegen alles ab/bis Flughafen Teneriffa organisiert gewesen und inklusive!

Smaragd empfahl mir dringend ein "Getränkepaket" um EUR 135. Im Gegensatz zu Aida verlangt Costa für jedes Getränk an Bord extra Geld, mit Ausnahme von Kaffee und Tee morgens und mittags und Fruchtsaft morgens. Ich verzichtete auf dieses Paket, das war gut so, da hätte ich mich täglich sinnlos betrinken müssen, um es auszu- nutzen. Für Ehepaare mit Kindern ist das schon eher rentabel.

Der Höhepunkt bei den Getränken an Bord der Costa Mediterranea war dann sicher einmal abends ein Glas Bier vom Fass (Draft Beer) (0,25 L), keine Flasche, welche Marke? um EUR 4,31. Das gibt, hochgerechnet, einen Literpreis von EUR 17,24, ein Preis, der jeden Münchner Oktoberfestwirt vor Neid zum Erblassen bringen würde.

"Erst einmal ein Schluck
aus der Buddel Rum
und hernach ein Bier
ja das tut gut!"

Dann kam sogar ein Mahnschreiben von Smaragd, ich hätte nicht bezahlt, was mich ärgerte. Die hatten 5 Konten auf der Rechnung und offenbar hatte die Buchhalterin, da ich beleglos online auf deren Konto in Berchtesgaden überwies, das nicht gecheckt. Auf telefonischer Anfrage sagte man mir: "Ja das ist aber nicht unser Hauptkonto!" Dass Smaragd nur auf dem Hauptkonto Zahlungen verbuchen könne, wurde natürlich vorher nicht mitgeteilt.

Nachdem ich meine Zahlung schriftlich nachgewiesen hatte, kamen endlich alle Reisepapiere noch zeitgerecht.

Am Freitag den 5.7. ging es los. Zuvor hatte ich noch alles durch-
gedacht und vorbereitet, nicht nur Geld und Pass, sondern auch alle
Pillen in ausreichender Menge, Reservebrille, Regenschirm, leichte
Sommerschuhe, drei Plastikflaschen Mineralwasser, kleine Schnapsflasche, TUC, Landjäger (trotz des Verbotes, Speisen und Getränke
an Bord zu bringen!), Foto- und Filmausrüstung (mit ausreichend
Speicherkarten) usw.

Ich hatte einen neuen Rollkoffer (für den "Hotelbereich") und einen
Rucksack (für die Landausflüge, mit der Fotoausrüstung drin) dabei,
diese Kombination hatte sich schon zuvor bestens bewährt. Der
Rucksack ging als "Handgepäck" gut durch, er durfte nur nicht über
6 kg haben, der Koffer nur 20 kg (bei der Rückreise war er 20,6 kg
schwer - kein Problem). Im Handgepäck waren dann keine Flüssig-
keiten erlaubt, die bekannte Regelung, noch immer nicht aufgeho-
ben.

Mit der U3 diesmal gleich nach Moosach zur S-Bahn, den Umweg
über Marienplatz musste ich nicht mehr machen. Allerdings ist der
Weg zum Haltepunkt der S-Bahn in Moosach, gerechnet von der U-
Bahn, ekelig lang. Ich hatte aber genug Zeit eingeplant und musste
nicht zur nach Fahrplan schon bereitstehenden S-Bahn keuchen.
Dann darf man nicht den Fehler machen, etwa mit Streifenkarte den
Flughafen zu erreichen, viel billiger ist ein "Single-Tagesticket
Außenbereich" als Verlängerung.

Während der Wartezeit im Bahnhof Moosach beobachtete ich einen
Auto-Güterzug mit VW und Mercedes drauf, der am gegenüberliegenden Gleis zusammengestellt wurde. Da kam eine große Diesel-
lok, ein Kuppler stand bereit, und die Lok rumste auf den stehenden
Zug, dass die Autos im ersten Wagen nur so hüpften!

Dann kam erstaunlicherweise eine S-Bahn "ungeteilt", also alle
Wagen zum Flughafen. Normalerweise ist sie in eine Freisinger- und
eine Flughafen-S-Bahn unterteilt, die in Neufahrn geteilt werden, der
Teil zum Flughafen ist dann ganz hinten, was den Anmarsch in
Moosach nochmals verlängert. Wie nun Leute nach Freising
kommen konnten, wurde nicht mitgeteilt.

Am Flughafen kaufte ich mir sicherheitshalber Sonnenmilch, Autan
und ein Buch "Griechische Inseln", das ich zuvor in den Stadt-

Buchhandlungen (Hugendubel etc.) vergeblich gesucht hatte. Die Drogerieverkäuferin gab mir dann noch den vorgeschriebenen Plastikbeutel für die Sonnenmilch und tauschte mir die zu große Flasche gegen kleine, zulässige Plastikbehälter (für das Handgepäck) aus.

Die Air Berlin ist nach dem Auszug der Lufthansa in das Terminal A, ganz am Anfang (A16), eingezogen, ich hatte dorthin ein Stück zu laufen. Ich zeigte bei einem Außenschalter dem Mitarbeiter von Air Berlin meine Reiseunterlagen, der brauchte nur die dort angegebene Nummer, um mir bei einem Self-Check-In-Terminal sofort die Bordkarte zu drucken: "Sie sind schon eingecheckt!".

Der Abflug war dann pünktlich, das Flugzeug gut besetzt, das (kalte) Essen an Bord passabel, der Sitz am Gang, wie von mir gewünscht. Ich bestellte mir einen Tomatensaft, der sehr gut war. Die Flugzeit war etwa 3 1/2 h. Wer ein besseres, warmes Essen wollte, konnte ein solches anhand einer eigenen Air-Berlin-Speisekarte gegen Entgelt bestellen. Das hatte ich bisher noch nicht erlebt.

Bei der Ankuft in Heraklion, es war schön warm, mussten wir ungewöhnlich lange auf das Gepäck warten. Ich benützte die Zeit, meine 2.Quarz-Armbanduhr herauszuholen und auf Ortszeit (- 1 h) einzustellen. Die Funkuhr, hier sinnlos, legte ich in den Rucksack und ersparte mir das Herumpfriemeln an ihr, um sie auf die lokale Zeit zu justieren.

Ich erkundigte mich bei diversen lokalen Personen (in englisch), wie ich zum Schiff käme. Die Auskunft war die: ganz einfach, entweder Bus auf der Straße gegenüber oder Taxi, 10 EUR.

Diesen Preis dann nannte auch der Taxichauffeur, somit war das in Ordnung. Das Taxi war sauber, er half mir beim Gepäck. Gleich nach Verlassen des Flughafengeländes war schon das riesige Schiff "Costa Mediterranea" in der Ferne zu sehen.

Aber der Taxler durfte mich nicht zum Schiff direkt fahren, da gab es ein strenge abgegrenztes Gelände, die Fahrt endete schließlich überraschenderweise vom Schiff weit weg vor einem Gebäude, das der offizielle Hafeneingang war. Ich bewegte mich hinein, zum Ausgang "EU-Schengen", das war schon falsch, man musste zum Eingang "Not Schengen" mit strenger Pass-, Schifffahrts-Schein- und Gepäckkontrolle. Von einem Costa-Service keine Spur. Auf der anderen Seite gab es dann wenigstens den kostenlosen Shuttle-Bus der Hafengesellschaft zum Schiff, der den Weg dorthin sehr kompliziert entlang von Absperrungen und Drahtzäunen nahm.

Trotzdem war ich doch recht einfach und preislich günstig zur "Costa Mediterranea" gekommen. Der übliche Fotograf zerrte mich zu einer Fotokulisse (das Foto dann, an Bord, erwies sich als grottenschlecht) und nach nochmaliger Gepäckkontrolle (den Koffer musste ich abgeben, den brachten sie dann gesondert zur Kabine) war ich im Schiff, man sagte mir, gehen Sie zu Ihrer Kabine (6177), dort ist alles für sie vorbereitet.

Das war es dann auch, die Bordkarte ("Costa Card") war da, das Tagesprogramm "Today" (in deutscher Sprache!) und weiteres Infomaterial.

Das Schiff "Costa Mediterranea" hat 850 Mann Besatzung aus 29 Nationen, davon 7 Techniker und eine Tour dauert immer 6-8 Runden a 7 Tage, pro Tag 11 Stunden Arbeitszeit für die Besatzung.

Am Weg zur Kabine waren mir die Bilder in den Fluren schon aufgefallen, zahllose Fratzen, Masken, Clowns etc. im historischen italienischen Stil, ich fand sie abstoßend.

Sogar am Klo war so ein Bild, ich beschriftete es daher sofort mit

"Distribution of toilet paper in ancient Italy".

Am Flur waren indessen ständig wichtige Ansagen, natürlich nur in italienischer Sprache, zu hören, in der Kabine nicht zu verstehen.

Angeblich waren 80% der Passagiere Italiener. Erst später im Laufe der Reise kamen dann auch englische und anderssprachliche Ansagen dazu.

Das Zimmermädchen (cameriere) "Chonna" (Philippinerin) stellte sich, das Zimmersafe (brauch ich nicht), die Minibar (teure Preisliste) und die Wasserflasche (Austrinken kostenpflichtig) vor.

Der Kofferboy brachte den Koffer, gleich darauf kam einer nachfragen, ob ich mein Gepäck korrekt erhalten hätte. Der darin mitgebrachte Notproviant und die Getränke (inklusive einer kleinen Schnapsflasche!) darin waren nicht beanstandet worden.

Da schon um 17:15h der erste Programmpunkt (Vortrag "Leben an Bord und Landausflüge") vorgesehen war, verzichtete ich auf den angedachten, ersten Landausflug nach Heraklion, denn inzwischen war es 17 Uhr Ortszeit. Ende des Check-Ins war 20:59 Uhr, Abfahrt des Schiffs um 23:59 Uhr.

Ein Zettel wies mich an, um 19 Uhr im Bedienungs-Restaurant "Degli Argentieri" zum Abendessen zu erscheinen, Tisch Nr.51.

Außerdem war eine rote Karte dabei, die war für die Seenot-Rettungsübung am Abend bestimmt und musste dort abgegeben werden zum Zeichen, dass man an der Übung teilgenommen hatte.

Ich hatte eine Innenkabine für mich allein, Bett bequem groß, Stauraum war ausreichend vorhanden, Klimatisierung in Ordnung.

Das Klo hatte einen Deckel, war der oben, konnte man die Spültaste nicht drücken.

War der Deckel unten, gab es beim kräftigen Drücken der Taste ein lautes Absauggeräusch und eigentlich sollte dabei auch gespült werden, aber die Wasserzufuhr an dieser Stelle war minimal, sodass man nach dem großen Geschäft immer die Bürste nehmen und per "Rastelli"-Griff auch die Spültaste erreichen musste.

Im übrigen hatte ich den Eindruck, dass WC und Dusche aus einem "Brauchwasser-Reservoir" gespeist wurden, nicht aus der Trinkwasserquelle, denn beim Duschen stank es manchmal richtig nach Chlor. Das Klopapier war schmal und hauchdünn, aber nicht allzu fest.

Außerdem hatte die Steckdose zum Rasieren eine Fehlschaltung, sie war nur in Betrieb, wenn das Licht im Klo auch an war. Das bedeutete, dass man zum Laden des Rasierapparat-Akkus im Klo das Licht brennen lassen musste.

Vor dem Schlafzimmerspiegel gab es eine weitere Rasiersteckdose, dafür aber in einer Lade vor dem Spiegel einen Föhn. Normale Steckdosen gab es keine im Zimmer, wohl aus Sicherheitsgründen.

Ich legte nun meinen Zusatzpolster, Nachthemd und Hose bereit auf das aufgeschlagene Bett, was das Zimmermädchen, das dann nach mir in meiner Abwesenheit nochmals das Zimmer betrat, sehr dekorativ um das Bett herum plazierte.

Außerdem hatte sie offenbar Anweisung, das Bett stets für zwei Personen einzurichten, davon ließ sie sich nicht abbringen, wahrscheinlich "meinte sie es gut mit mir..." Ich habe meine Nacht-Utensilien dann in den nächsten Tagen untertags in einer Lade weggesperrt.

Das Bett enthielt neben zwei normalen Polstern zusätzlich noch zwei riesengroße Dekorationspolster, eine große Ledermatte und eine weitere breite Dekorationsdecke, mit denen allen ich nichts anfangen konnte und jedesmal mittags, nach dem Aufräumen des Zimmers und Plazierung dieser Objekte im Raum durch Chonna, irgendwohin verstauen musste.

Auch ein grünes Badetuch mit papierener "Sauberkeitsschleife" lag vor dem Spiegel.

Da im Klo vier Handtücher waren (2 kleine, 2 große) brauchte ich es im Zimmer nicht, zum Pool wollte ich ohnehin nicht gehen (keine Sehnsucht nach einem Sonnenbrand).

In der Bordzeitung "Today" war zu lesen:

"Die grünen Badetücher in Ihrer Kabine stellen wir Ihnen für Strandbesuche oder Landausflüge zur Verfügung. Bitte denken Sie daran, die Badetücher wieder an den Kabinensteward zurückzugeben, der Ihnen täglich ein frisches Badetuch aushändigt.

Bei Nichtzurückerstatten sehen wir uns leider gezwungen, Ihnen auf Ihrer Costa-Karte pro Bade-tuch EUR 20,00 in Rechnung zu stellen."

.

Im Gegensatz zu Aida, wo sich der Kapitän über Lautsprecher jeden Tag in der Kabine mit einem Wetter- und Lagebericht meldete, gab unser Commandante Nicolantonio Palombella während der ganzen Kreuzfahrt nichts von sich. Ich hatte den Verdacht, dass er nur italienisch und nicht gut englisch sprechen konnte.

Erstaunlicherweise gab es auch um 20:00 Uhr im "Salon Dionisio, Deck 3 Bacco" einen "SABBATH"!

Dann gab es die Infoveranstaltung und dann das Abendessen im Bedienrestaurant "Degli Argentieri", erste Tischzeit um 19 Uhr, zweite Tischzeit meist um 21:30 Uhr.

Dieses Restaurant war riesengroß, ganz vorne im Schiff über zwei Decks, Deck 2 und Deck 3 und war dann auch jeden Abend proppenvoll, sowohl mit Gästen als auch mit sehr viel Bedienpersonal.

Die Wartezeiten auf bestellte Gerichte waren dennoch angemessen.

Kurze Hosen und ärmellose T-Shirts waren dort unerwünscht.

Es gab einen eigenen "Sitzplatzmanager" am Eingang, an unserem Tisch 51 nahmen dann vier deutsche Paare und ich Platz, wir waren es zufrieden.

Sofort (und auch mehrmals noch an den folgenden Tagen) erschien der aufdringliche Fotograf, der aber nur die Paare aufs Korn nahm.

Wie üblich, konnte man am Tag darauf im Casinobereich die Fotos sehen und kaufen, aber 1 Foto zu EUR 19,90 war dann doch recht unverschämt teuer und nicht besonders toll.

Gleich war auch unser Kellner da und wollte wissen, was wir trinken wollten und wollte sofort die Costa-Card (am Umsatz war er mit 15% beteiligt).

Ich frage zuerst nach der Karte und bekam nur die Speisekarte (Speisen waren inklusive), die hatte hinten einen Anhang mit besonders teuren Getränken, also nur Sekt- und Weinflaschen.

Ich entdeckte dann bei einem "Asti spumante" eine "Flute" für 5 EUR, das war dann ein kleines Kelchglas mit 0,1l, die probierte ich dann, der Preis war unverschämt, aber der Wein war sehr gut.

Später dann einmal frage ich nach der Weinkarte, die ich dann endlich zu Gesicht bekam. Auf 8 Seiten: Die billigste Flasche italienischen Weins kostete 25 EUR, die teuerste EUR 50. Ich wählte dann drei Tage später aus der 25 EUR-Preisklasse einen Weißwein aus Sardinien, der auch sehr gut war. Die Flasche wurde dann am Ende der Mahlzeit mit einem Anhänger mit der Kabinennummer gekennzeichnet und vom Kellner in die Kühlung gebracht.

Bei der nächsten Mahlzeit brachte er diese dann unaufgefordert (!) auf den Tisch, bei mir reichte sie für drei Abende. Dasselbe konnte man auch mit Mineralwasser (beim Abendesse kleinste bestellbare Flasche 1,5l!) machen oder den Rest aufs Zimmer mitnehmen.

Wie in "vornehmen" italienischen Restaurants üblich, gab es "Pane e coperto" (hier am Schiff allerdings ohne gesonderte Berechnung), zu der Butter und den Weißbrotschnitten waren noch Grissinis dabei!

Zu den Speisen wäre zu sagen, dass die Auswahl ausreichend und alle gut waren, gelegentlich hatten bekannte Speisen italienischen Touch, was aber in Ordnung war.

Ich wählte immer die Suppen, die waren stets gut, dann ein Hauptgericht und dann ein Eis. Die Speisekarten waren stets in deutsch (und italienisch).

Zum „Gala-Abendessen" bestellte ich mir also, von der Speisekarte gewählt, eine „Consomme di manzo" (Rindfleich-Consomme mit Gemüse) und ein „Maialino arrosto" (Gebratenes Schwein in Senfsoße). Vorspeise und Pasta sparte ich mir.

An diesem ersten Abend war dann um 20:45 Schluss, denn um 21:00 Uhr sollte gleich die Seenotrettungsübung stattfinden.

Ich hatte mir in der Kabine die Schwimmweste schon angelegt, als das Notsignal in der Kabine ertönte und ich mich zum (in der Kabine ausgehängten) gekennzeichneten Treffpunkt begab, vorschriftsmäßig vom 6.Deck zum 3.Deck, ohne den Aufzug zu benutzen.

Dort musste man die "rote Karte (Emergency Drill Card)" abgeben und sich in Fünferreihen aufstellen.

Einige von der Mannschaft zählten mehrfach alle Passagiere, mit Handstückzählern und auch so, ein anderer zeigte mindestens zwanzigmal unter italienischem, englischem, französischem und deutschem Lautsprechergebrüll vor den versammelten Passagieren, wie man eine Schwimmweste richtig anlegt.

Nach etwa 40 Minuten durften wir endlich gehen, Fotos waren verboten, also die Übung war gewiss recht gründlich.

Dann hätte man eigentlich eine der 13 (dreizehn!) über das ganze Schiff verteilten Bars zwecks finanziell ausreichender Belastung der Costa-Card mit Drinks besuchen können:

- Bar Giardino Isolabella Deck 1 Circe
- Bar in der Disco Selva Deck 2 Tersicore
- Bar Talia Deck 2 Tersicore
- Bar Maschera d_Argento Deck 2 Tersicore
- Canal Grande Bar Deck 2 Tersicore
- Grand Bar Piazza Casanova Deck 2 Tersicore
- Bar Dionisio Deck 3 Bacco
- Bar Roero (Weinbar) Salon Oriental Deck 3 Bacco
- Bar Armonia Deck 9 Armonia
- Bar Apollo Deck 9 Armonia
- Bar Top Side Deck 10 Cleopatra
- Club Medusa Deck 10 Cleopatra
- Club Medusa Cigarren und Cognac Bar Deck 11 Pandora

Neben den Decknummern gab es also für jedes Deck noch einen schönen italienischen Namen.

Die Bars servierten außerdem "Drinks", die so exklusiv waren, dass sie nicht im Getränkepaket enthalten waren (jeweils 6 EUR, XL-Glas 6,75):

- 5.7.: Galiziano
- 6.7.: Zante
- 7.7.: La Croisette
- 8.7.: Bisanzio
- 9.7.: Medusa
- 10.7.:Saint Michael
- 11.7.:La Sevillana
- 12.7.: wieder Galiziano usw.

Erschöpft von den Tagesereignissen legte ich mich aber lieber bald ins Bett.

Samstag, 06.06.2013 Santorin

Santorin kommt von "Santa Irina", also "Heilige Irene".

Das Schiff war um Mitternacht abgefahren und war in der Frühe so gegen 8:45 Uhr schon in Santorin, mitten in einem Vulkankrater, vor

Anker auf "Reede", also nicht an einer Kaimauer. So was gibts für so
große Schiffe in Santorin nicht. "Tenderboote" der Santoriner See-
manschaft in großer Zahl umschwärmten die Costa Mediterranea
und brachten die Passagiere an Land und zurück.

Zuvor noch war das Frühstück angesagt, im Selbstbedienungs-
restaurant "Perla del Lago" ganz oben am gleichen Deck wie die
zwei "Pools". Man konnte von den Pools direkt hineingehen, aber
der Besuch des Restaurants in Schwimmdress war unerwünscht. Es
gab Kaffee, Tee, kalte Milch, kaltes und heißes Wasser, drei Sorten
Fruchtsäfte (Orange, Apfel, Grapefruit), jeweils aus Automaten.

Dieser Fruchtsaft-Automat war aber zum Selbstbedienungs-Mittag
abgeschaltet! Es gab sogar Spiegelei, das nach Bestellung von zwei
Köchen vor den Augen des Gastes produziert wurde.

Natürlich gab es auch Wurst, Butter, Käse, gerösteten Schinken,
Rührei, warmes Gemüse (Bohnen etc.) und neben Weißbrot,
Pumpernickel und Toast und die von mir "Costasemmeln" getauften
Weissgebäcke, klein, rund, dick und kompakt. Zu Mittag gab es dann
noch eine Abteilung mit Süßspeisen, Kuchen, Pudding usw.

Der "Earl-Grey-Tee" im Beutel war sehr gut, heißes Wasser in den
Becher dazu einfüllen, sieben Minuten warten, wenig Zucker, sehr
aromatisch, jederzeit ohne Extrakosten.

Abstoßend war aber das Plastikgeschirr im Perla del Lago, nicht so
sehr die großen, weißen Riesenteller (die waren für Selbstbedien-
ung recht praktisch), als vielmehr die grünen und blauen Plastik-
becher (statt Gläser oder Porzellantassen) für die Getränke.

Selbstverständlich wimmelten auch die Pools und dieses Restaurant von dienstbaren, am T-Shirt mit "Bar Service" gekennzeichneten Geistern, die es wg. Drinks nur auf die Costa-Card der
Passagiere abgesehen hatten. Der billigste Drink war ein Wasser
0,5l zu EUR 1,96, vom Kellner herablassend serviert. Sagte man
nichts, bekam man schlappes Wasser, "sparkling" musste extra
bestellt werden.

Wenn man etwas nachträglich noch holen wollte, konnte man sicher
sein, dass die Kellner den Tisch in der Zwischenzeit sofort leer gemacht hatten, auf Zeichen mit gekreuztem Besteck wurde kein Wert
gelegt. Benachbarte (italienische) Gäste benutzten dann, wenn der

Kellner noch nicht tätig war, den vorübergehend unbesetzten Tisch auch zur Ablage ihres benutzten schmutzigen Geschirrs. Eine Unart!

Ich hatte für das Zimmermädchen Chonna einen EUR-Schein über den Aufsteller gehängt, später bedankte sie sich dafür und bedachte mich mit einer lustigen "Skulptur" aus zwei Handtüchern in Form eines Elefanten, am Bett aufgestellt.

Zum Anmelden für den gebuchten Ausflug nach Santorin "Das Beste von Santorin (ganztags) EUR 99,00" musste man sich ins "Teatro Osiris" auf Deck 2 am Schiffsende begeben und dort die bezahlte Ausflugskarte vorweisen. Im Gegenzug bekam man eine "Autobusnummer C...", getrennt nach Sprachen (des Führers) die man sich aufs Hemd pappte und wartete, bis sie aufgerufen wurde.

Dann ging es zur Ausstiegsluke, wo schon die Tenderboote warteten. Zuvor musste man die Costa-Card vorzeigen, ausnahmsweise diesmal nicht zur finanziellen Belastung, sondern zwecks Abmeldung vom Schiff.

In diesem Teatro Osiris waren dann abends Shows, ich dachte mir, das Teatro heißt Osiris, weil dann bei Vorstellungen meist eine ägyptische Finsternis auf der Bühne herrschte.

Das Wetter war die ganze Zeit der Seereise sonnig ohne Wolken, auf den meisten Inseln wehte ein angenehmer Wind, wenngleich eine Kopfbedeckung gegen die Sonnenhitze sehr nützlich war.

Santorin ist von der See aus schon sehr eindrucksvoll, die Inselküste steigt ganz steil und schwarz aus der "Caldera" auf, oben sieht man weiße Häuser. Rundherum sieht man weitere kleinere Inseln, Bestandteile des ehemaligen Vulkankraters.

An Land (in Athinios) warteten schon die Busse, die uns über enge, kurvige Strassen hinauf zum Rand der Caldera von Santorin beförderten. Wir hatten einen Deutschen als Führer, der schon längere Zeit in Griechenland lebt, aber nach eigenem Bekunden noch immer nicht Griechisch kann.

Er erklärte uns gleich, das Griechische habe fünf verschiedene "I s", unter anderem heiße der Ort auf Santorin nicht Oia, sondern sei wie "Ia" auszusprechen.

Außerdem, dass wir auf einem aktiven Vulkan seien. Jedoch fänden Schiffsunglücke und Vulkanausbrüche grundsätzlich nur am Freitag statt.

Santorin hätte mehr Esel als Einwohner, wenn man die zweibeinigen dazuzählt.

Also nach Oia fuhren wir dann auch hin, es gab einen Stadtspaziergang mit prachtvollen Aussichten hinunter in die Caldera. Oben einige orthodoxe Kirchen.

Man erklärte uns, viele dieser Kirchen seien in Privatbesitz und werden üblicherweise nur einmal jährlich, zum Feiertrag des Heiligen (z.B. Athanasios, Nikolaos, Ioannes etc). benützt. Der orthodoxe Gottesdienst dauere dann 2-3 Stunden, Sitzen ist strenge verboten, alle müssen stehen. Hernach werde gut gegessen, getrunken und lange gefeiert.

Dann ging es in ein Weingut, gelegen an einer Klippe mit Blick hinunter in die (flache) Ostseite, mit Weinprobe (fast niemand kaufte, da die Flaschen einem beim Betreten des Schiffes abgenommen werden!) und zum höchsten Punkt der Insel, zum Berg des Propheten Elias.

Dann gab es ein gutes griechisches Mittagessen mit Suppe und Wein und einem Buffet mit Zazicki, gebratenen Tomaten, Kichererbsenpaste, Fischpaste, etc. und Rinderbraten und Brot. Das war im Ausflugspreis enthalten und lecker.

Zur Bischofskirche Panagia Episkopi und zum schwarzen Sand-Strand Kamari (an der flachen Seite der Insel) führte dann die Busfahrt, wo uns die Flugzeuge zum benachbarten Flughafen begegneten.

Die Busreise ging dann nach Fira, hoch über der Caldera, um dort mit Blick auf unser Schiff zu enden.

Jeder bekam ein Seilbahnticket hinunter zum alten Hafen. Wer wollte, konnte den Serpentinenweg hinunter auch gehen oder mit einem Esel reiten. Ich bevorzugte die steile Seilbahn, die aus zwei Zügen zu je 6 Einzelkabinen bestand, einer fuhr dabei jeweils aufwärts, der andere abwärts, es gab keine Wartezeit.

Da es unten sehr heiß war, bestieg ich gleich das Tenderboot zurück zum Schiff, Costa-Card war vorzuzeigen. Aufs Schiff durfte man dann nur nach dem Einscannen der Costa-Card.

Ich entdeckte zu meiner Freude, dass es um 20 Uhr 30 eine heilige Messe im "Salon Isolabella" auf Deck 1 geben sollte. Die fand dann auch dort statt, wenngleich komplett in italienischer Sprache, gehalten von einem Schiffsoffizier, Don Rairaj Kidangan als Pfarrer bzw. Kaplan. Der zog sich einfach über die Offiziersuniform ein Messgewand über.

Es gab ein mehrsprachiges Messbuch und die Texte der Lesungen auch in Textform in deutscher Sprache. Auch ein deutschsprachiges Andachtsbild wurde verteilt.

Aus der italienischen Predigt konnte ich so was wie die Erneuerung des Hochzeitsversprechens entnehmen, dachte aber, ich müsse mich getäuscht haben. Dem war aber nicht so, es lag ein mehrsprachiges Formular (auch mit deutschem Text) aus, das sollten die Ehepaare unterschreiben und dem Kaplan abgeben, der dann eine entsprechende Feierlichkeit dazu veranlasste.

Text des frommen Formulars:

COSTA MEDITERRANEA
RINNOVO DELLE PROMESSE MATRIMONIALI
RENEWAL OF WEDDING VOWS
RENOVACAO DAS PROMESSAS MATRIMONIAIS
RENOUVELEMANT DES VOEUX DE MARIAGE
ERNEUERUNG DES EHEVERSPRECHENS

Marito/Husband/Esposo/Mari/Ehemann
Moglie/Wife/Esposa/Epouse/Ehefrau

NOMES/NAME/NOMBRE/PRENOM
COGNOME/SURNAME/APPELIDOS/NOM/NACHNAME

Data del matrimonio/Date of marriage/Date du mariane/Heiratsdatum
Cabina/Cabin/Cabine/Kabine

Da hatte der Kaplan offensichtlich die Erfahrung gemacht, dass Italiener auf Kreuzfahrt gerne sich eine Freundin/einen Freund zulegen, also fremdgehen.

Dafür besonders anfällig wäre ja der Tag "Erholung auf See"! Bei dieser Kreuzfahrt war jedoch kein solche Tag vorgesehen.

Um diese Sünde zu verhindern (vielleicht hatten auch einige ihm das gebeichtet?), hatte er also die Formulare ausgelegt und auch mehrfach in seinen Ansprachen auf die Erneuerung des Eheversprechens hingewiesen.

Ich war dann um 21:30 Uhr beim Abendessen und saß dann allein am Tisch 51. Das Bier (1/4l) zum Abendessen war sehr teuer (siehe oben).

Sonntag, 7.7.2013 Mykonos

In Mykonos war wieder Anlegen am Kai und somit einfacherer Landgang möglich. Das Frühstück musste so gelegt werden, dass ich um 8:30 Uhr fertig war und um 8:45 Uhr musste man für den Landausflug "Plätze, Farben und Mittagessen im Herzen der Kykladen" im "Piazza Casanova" auf Deck 2 sein, wo die Autobus-Marken ausgegeben wurden.

Beim Ausgang aus dem Schiff stand heute eine Tafel: "No visitors".

Orthodoxe Kirche „Agios Ioannis"
Ich hatte wieder einen guten Platz vorne im zweisprachigen Bus,
italienisch und deutsch (neben dem für "Behinderte" reservierten
Platz, da kam aber niemand) zum Videofilmen.

Zuerst fuhr der Bus zum Strand "Agios Ioannis" mit einer kleinen
orthodoxen Kirche.

Dann ging die Tour weiter zu einem anderen Strand, der witzigerweise "Kalafati" genannt wird.

Erklärung:
„Kalafati" nannten die Wiener eine im Vorkriegs-Wurstelprater in
einem Zelt agierende Figur, riesengroß, markant und allgemein als
Attraktion geschätzt.

Von Kalafati aus konnte man den "Busen der Aphrodite", zwei Hügel
auf der gegenüber liegenden Insel, sehen (Aphrodite, griech. Göttin
der Liebe).

Busen der Aphrodite

Dann besichtigten wir das Dorf Ano Mera mit dem Kloster zur Ehren der Jungfrau Maria. Ich versuchte erfolgreich, mir ein Fanta im lokalen Supermarkt zu kaufen, es kostete nur 1 EUR, die Griechen sprachen alle gut englisch.

Zum Abschluss war dann ein Stadtrundgang in die Stadt Mykonos mit ihren weißgetünchten, eng aneinandergebauten Häusern (dies angeblich zur Abwehr der Seeräuber) zu absolvieren.

Dort war auch das Restaurant Alexandra zum Mittagessen, im Freien unter einem Segeltuch. Es gab Rotwein, Muscheln und Hummer, ganz großartig, im Ausflugspreis enthalten.

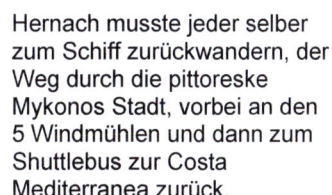

Hernach musste jeder selber zum Schiff zurückwandern, der Weg durch die pittoreske Mykonos Stadt, vorbei an den 5 Windmühlen und dann zum Shuttlebus zur Costa Mediterranea zurück.

Der Weg war nicht schwer zu finden. Es war wiederum recht warm, ein angenehmer Wind kühlte dabei ein wenig.

Von Bord unseres Schiffes aus beobachtete ich die Ankunft einer jetgetriebenen Schnellfähre "Cosmote 5 Highspeed" der Hellenic Seaways, neben der Costa Mediterranea. Viele Autos standen bereit am Kai, das waren aber alles nur "Abholer", die nicht auf die Fähre wollten. Dafür umso mehr Passagiere. Die Fähre sah recht futuristisch aus und hatte eine Heckklappe. Zuerst dreht sie sich passend zum Kai, dann warf sie einen automatischen Anker (!) und hielt sich mit ihrem Strahlruder vom Kai in passender Entfernung. Nach dem Niederlassen der Klappe kamen aber nur ganz wenige Autos heraus, dafür um so mehr Passanten.

Futuristische Ansicht: Die Fähre „Cosmote 5 Highspeed"

Hafen von Mykonos: Schnellfähre (Mitte rechts) nimmt zahlreiche Passagiere auf.

Ich hatte nun wieder den Termin zum Abendessen um 21:30 Uhr, allein am Tisch 51, an die gute Graupensuppe erinnere ich mich gerne.

Der Versuch, im Computerraum (kein Mensch war dort) meine emails abzurufen, gelang, für 5 Minuten waren aber per CostaCard 8 Euro zu zahlen, also ließ ich es in Zukunft bleiben.

Am Zimmer selber gab es keine Tastatur und keinen email-Service, da war Aida schon weiter.

Das TV-Programm-Angebot im Zimmer war mager, ich habe es kaum benutzt.

Montag, 8.7.2013: Izmir/Smyrna

Izmir liegt in der Türkei und Österreicher brauchen dazu ein Visum, sagte man mir, das es aber ganz einfach bei der Einreise geben sollte.

Die (schriftliche!) Auskunft von Smaragd lautete: "Das Visum erhalten Sie am Flughafen!" Absoluter Unsinn, ich reiste ja mit dem Schiff und nicht mit dem Flugzeug in die Türkei ein und Schiffe landen ja bekanntlich nicht am Flughafen.

An Bord der Costa wussten die Reiseberater aber besser Bescheid:

"Alle bekommen ein Einreiseformular, das können Sie ausfüllen oder auch nicht, wichtig ist nur, dass Sie es bei der Rückkehr zum Schiff wieder den türkischen Behörden abgeben!"

So war es dann auch, alles reibungslos. Auch das wusste Smaragd nicht!

Vom Schiff aus sah ich zum Kai hinunter, beim Anlegen schossen die dienstbaren Geister der Costa eine dünne Leine ans Festland. Dort standen schon zwei Hafenarbeiter, die holten die dünne Leine, daran eine weitere Leine und das dicke Tau, bereits mit einer Schlaufe versehen, befestigt war. Diese legten sie um einen Hafenpoller, das ganze zweimal, dann zogen sie von der Costa aus das Tau straff, bis das Schiff am Kai lag. Ich war somit das erste Mal in der Türkei.
Am Kai waren auf einer Wand wunderschöne Bilder mit den Sehenswürdigkeiten um Izmir zu sehen:

- Aphrodisias - Ayolin (Tempel der Aphrodite)
- St.John Church
- Kizilaillu Aquedukt - Izmir
- Ephesus - Izmir
- Agora - Izmir
- Claros - Izmir
- Saat Kudasi - Izmir (Uhrturm)
- Eumos - Milas
- und der neue Triebwagenschnellzug der TCDD.

Der Bahnhof der Türkischen Eisenbahn (TCDD) von Izmir war dann auch gleich dahinter.

Ich hatte eine Stadtrundfahrt Izmir gebucht, die begann dann gleich in Karsiaha vor dem Hafen-Eingangsgebäude. Wir hatten einen Führer, Herrn Aydogan, Dipl.Ing. der Feinmechanik, professional tour guide Deutsch und Englisch, der Bus war von der "Alibabatour". Zuerst zeigte man uns die Stadt, viel Verkehr, zahlreiche gelbe "Taksis", moderne Gebäude, dann waren drei Museen dran, über

Ausgrabungen, Keramik und über Schmuck. In letzterem durfte nicht fotografiert werden. Dann ging es nach Alsankok auf die andere Seite der Bucht von Izmir, wo wir die Moschee „Kemalparsa Camii" besuchten.

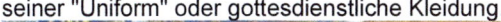

Nach dem Ausziehen der Schuhe bewunderten wir das Innere und auch der Imam, Herr Özdemir (!) kam heraus aus seinem Zimmer in seiner "Uniform" oder gottesdienstliche Kleidung.

Er hatte für jeden von uns einen muslimischen Rosenkranz, ließ sich auch gerne fotografieren und fragte, wer aller von den Besuchern einen Koran hätte: ich war der Einzige! Es war der Anfang des Ramadan und dazu gab es dann eine angeregte Diskussion.

Dann bekamen wir auch Islam-Werbematerial in deutscher (!) Sprache:

"Was sagte der Quran über Jesus und seine Mutter", "Muslime lieben Jesus und seine Mutter", "Mutter Maria in Quran", "Jesus in Quran".

Zur Erfrischung besuchten wir dann eine türkische Eisdiele.

Der Uhrturm von Izmir

Zurück zu unserem Schiff ging es dann quer über die Bucht mit einer Stadtfähre, die endete in der Nähe des Uhrturms. Der Bus brachte uns dann zurück zum Schiff und nach Abgabe der

Einreiseformulare konnten wir wieder das Schiff besteigen.

Es war noch Zeit für ein Mittagessen im Perla del Lago-Selbstbedienungsrestaurant.

Es gab viele spanische Spezialitäten, auch Tomaten-Paprikasalate, Huhn, Schweinebraten. Ich entdecke, dass man gratis kalte Milch im Glas zapfen kann, ebenso Eiswasser. Eine weitere Alternative zum Costa-Card-Getränk!

Für Kinder gibt es auf der Costa Mediterranea einen "SQUOK"-Club, in dem abends Unterhaltung und Abendessen (um 19:30 Uhr) für Kinder angeboten wird. Teens hatten in der "TEENZONE" um 21:00 Uhr ihr Abendessen.

An diesem Abend war die Vorstellung des Kapitäns und seiner Mannschaft, genannt

 "Gala-Cocktail für den 65.Geburtstag von Costa Crociere", im "Teatro Osiris Deck 2 Tersicore und Deck 3 Bacco".

Wir waren also Punkt 20:45 Uhr (2.Tischzeit) im Teatro, auf der Leinwand vorne lief eine mehrsprachige Meldung "Der Kapitän wird in wenigen Minuten bei Ihnen sein".

Kellner liefen mit Getränken herum, (schwach) alkoholischen und alkoholfreien. Nach welchen Gesichtspunkten sie den Gästen Getränke anboten, war nicht erkenntlich, auch wenn jemand noch kein Glas hatte, liefen sie vorbei und zu anderen Gästen, die schon versorgt waren.

In der Zwischenzeit gab es Tanzmusik von einem Dreimannorchester auf der Bühne und eine Animateurin mit schräger Popomanschette steuerte ins Publikum und holte sich Männer zum Tanzen auf die Bühne - was einigen der Jungs offenbar viel Spaß machte.

Die Meldung auf der Leinwand ("...in wenigen Minuten...") lief eine halbe Stunde lang bis 21:15 Uhr, dann erst kam der Kapitän mit seiner Mannschaft, die er vorstellte (unter ihnen der Kaplan, wie erwähnt), er selber sprach vor allem italienisch, die übrigen Gäste wurden anhand eines Textes auf Papier angesprochen.

Dann lief eine Show mit getanzten Oldies, Rock_n Roll etc., ich ging dann zum Abendessen kurz nach 21:30 Uhr.

Ich sitze wieder am Tisch 51 alleine, zusammen mit meiner Weinflasche, die mir der Kellner unaufgefordert und gekühlt bringt.

Aus Anlaß des 65.Geburtstages von Costa Crociere gibt es eine spezielle Speisekarte "Gala-Abendessen" in deutscher Sprache und ein Glas Sekt gratis:

- Crema di zuccaali Amaretto (Kürbiscremesuppe mit Amaretto)

- Tagliata di filetto di manzo al pepe verde (Rinderfilet mit grüner Pfeffersoße, Gemüse und Chateau Kartoffeln)

- Selezione di formaggi internazionale (Käseplatte)

Dienstag, 9.7.2013 Insel Samos

Ursprünglich, laut Bordzeitung "Daily", sollten wir vor Anker liegen, das war aber nicht der Fall. Das große Schiff passte zwar nicht komplett an die Pier, ein Teil lag im freien Gewässer und wir mussten einen anderen Ausgang benützen.

Ich hatte den Ausflug "0970 Panorama Samos und Weinmuseum" gebucht.

Aus dem Bus heraus filmte ich unser Fahrt, da regte sich die Führerin schrecklich auf, dass ich ihre Erklärungen (zufällig mit auch) aufnehme, also schaltete ich die Videokamera ab.

Es ging der Küste entlang bis ins "Nachtigallental", doch wie bekanntermaßen beim "Schmetterlingstal" auf Rhodos waren die Tierchen weder zu hören noch zu sehen. Die Führerin meinte, dazu müsse man im Morgengrauen vor Sonnenaufgang kommen, wozu wir aber keine Zeit hatten.

Das Nachtigallental ist wunderbar bewaldet und schattig, bei der Hitze "min 25°C, max 35°C" sehr angenehm.

Ich erzähle der Führerin einen passenden Witz:

"Ich bin Nachtigallenzungenkonservant!" "Ja und wo nehmen Sie die vielen Nachtigallenzungen her?" "Die werden natürlich gestreckt!" "In welchem Verhältnis?" "Eine Nachtigallenzunge auf ein Pferd!"

Dann mit dem Bus zurück über die Rundum-die-Insel-Strasse nach Kokkari, einem wunderschön gelegenen Fischerdorf, mit vielen Shops und schönen Ausblicken aufs Meer.

Ich kaufe mir in Kokkari ein Soda und ein Sprite, zusammen 2 EUR! Ferner ein kurzärmeliges Hemd, als Andenken an Samos.

61

Kokkari

Im Weinmuseum, schon gegenüber dem Landeplatz der Costa Mediterranea, sahen wir ein wenig Geräte, aber viele neue Eichenfässer, dafür aber redete die Führerin dauernd, als ob sie Weinexpertin sei.

Ich outete mich gegenüber dem Chef des Weinguts, ich mache auch Wein (Apfelwein, nicht Most!), was zu einer interessanten Diskussion führte, u.a. auch über der Inschrift auf seinen Weinflaschen "Contains Sulfite", der auch bei uns in Deutschland überall draufsteht. Er meinte, ohne diese minimale Zugabe könne ein Wein nicht haltbar sein.

Bei der anschließenden Weinprobe holte ich mir eine der zahlreichen, bereitstehenden Flaschen, um das Etikett zu studieren.

Sofort schreit einer "Sir, give me the bottle! I want the bottle!" Ich erklärte ihm, dass ich den Text lesen möchte und gab die Flasche solange nicht her, dann ihm schließlich mit den Worten:

"Here is your wine, Mr.Bottleman!" (deutsch: Du Flasche).

Den trockenen Weißwein von Samos fand ich gut, den Rotwein aber schon sehr likörähnlich. Ich kaufe dann einen Weißwein, und eine kleine Flasche Rotwein "Vatikan", der dorthin für die Messfeier geliefert wird.

Bei der Gepäckkontrolle am Schiffseingang werden diese Flaschen im Scanner natürlich entdeckt, ich muss sie gegen Quittung abgeben. Die ebenfalls im Rucksack befindlichen Fanta- und Mineralwasserflaschen interessieren die Security nicht. Die Samos-Weine habe ich aber am nächsten Tag gleich wieder in die Kabine zurück geliefert bekommen (wahrscheinlich waren sie sicherheitstechnisch unbedenklich...).

Im "Perla del Lago" waren dann zu Mittag mexikanische Spezialitäten auf der Karte.

Am Nachmittag, an Land, besuche ich die Altstadt, viele Läden und moderne Geschäfte, Cafes, Restaurants, hinter der Seepromenade. Der Apotheker ist zugleich deutscher Generalkonsul und im Bau der großen katholischen Kirche sind auch mehrere Geschäfte integriert.

Ich kaufe einen "Becher des Pythagoras". Füllt man den bis zur Markierung, ist alles in Ordnung, man kann ihn austrinken. Füllt man ihn etwas über die Markierung, rinnt sofort der gesamte Inhalt aus.

Nach dem Ort Pythagorio bin ich leider nicht gekommen, dort wäre u.a. ein Denkmal des Pythagoras gewesen.

Um 21:00 Uhr gehe ich nochmals in den Gottesdienst, diesmal in der Kapelle. Wieder lauter Italiener, aber die zweite Lesung erfolgt in englisch und nach der Wandlung spricht der Kaplan ein Gebet in deutsch.

Zum Abendessen um 21:30 h werde ich, da Tisch 51 diesmal voll besetzt ist, auf einen anderen Tisch, einen Zweiertisch Nummer 138 umplaziert. Der Kellner von Tisch 51 kommt aber trotzdem zu mir und bringt mir die Weinflasche, gekühlt, fürs "Finale".

Mittwoch, 10.7.2013 Insel Kos

Um 8:45 Uhr liegen wir am Kai, Tenderboote sind entgegen "Daily" nicht erforderlich. Frühstück gibt es im "Perla del Lago" von 7:00 Uhr bis 10:00 Uhr. Ich habe den Ausflug "0954 Reizvolle Plätze und

Traditionen" gebucht, um 8:15 Uhr geht es, wie üblich, ab Teatro Osiris los.

Der Bus fährt mit der zweisprachigen (deutsch/französisch) Führerin rauf ins Gebirge in den Ort Zia, mit vielen touristischen Kunsthandwerkern und ihren Läden.

Wir sehen den Berg Dikaios, pittoreske Felsformationen und grüne Gärten. Hinunter sehen wir auf die Insel mit ihrem großen, ausgetrockneten Salzsee. Am Horizont ist bereits wieder die Türkei, das Hotel 360° Sunset View macht Reklame mit "2 continents".

Wir besichtigen in Kevalovisi eine orthodoxe Kirche und ich trinke einen Eiskaffee im Cafe daneben. Bemerkenswert sind hier viele Tafeln vor den Restaurants, die alle Speisen und Getränke sogar in englisch oder deutsch und mit Preisen und Bildern zeigen.

Wir besuchen in Pyli einen alten, wiederaufgebauten öffentlichen Brunnen, bestehend aus einem großen Steinquader mit Wasserzapfstellen rundherum. Mehrere "Einheimische" kommen mit Karren oder Motorrollern und vielen Plastikflaschen, die sie dort füllen. So müssen sie nicht auf die Vorräte in den Zisternen zurückgreifen, Wasser ist auf den meisten Inseln ein Problem. Auf manchen Inseln fällt überhaupt kein Regen, die Pflanzen leben von dem Kondensat des Morgennebels, Schiffe und Tankwagen bringen dann Wasser zum Trinken, fallweise gibt es auch Regenwasser-Zisternen.

Man hat einen alten Weinkeller ausgegraben, den "Heroon of Charmylos", den besichtigen wir. Darüber haben sie eine orthodoxe Kirche errichtet, ein altes Weiblein als Hüterin möchte uns in die Kirche locken, aber die Führerin lehnt ab.

Dann geht es nach Antimacheia zu einem bäuerlichen Museum und einer alten Windmühle. Sie ist aber, trotz eingewickelter Segeln auf den Flügelarmen, nicht funktionsfähig.

Dann ist wieder der Besuch eines Weinkellers mit Weinprobe fällig. Es gibt viele Gerätschaften der Weinproduktion zu sehen, schöne Edelstahltanks und es läuft ein Film, der zeigt, wie Flaschen etikettiert werden.

Schlussendlich entließ man uns in Kos nahe dem Schiff bei einer Platane, in deren Schatten die Schüler des Hippokrates unterrichtet wurden. Auf Samos war auch Asklepios zu Hause, dessen Bücher der Medizin noch heute Gültigkeit haben können.

Der Weg zurück zeigte dann die antike Schlossburg am Hafen.

Abends bin ich dann wieder zur ersten Tischzeit am Tisch 51 zu Gast, von den übrigen freudig begrüßt. Es gibt nochmals ein Festmenü, Fotografenrummel und Aufmarsch der Kellner, großer Applaus. Grund ist, dass am nächsten Tag viele Gäste das Schiff schon verlassen, da sie ab/bis Rhodos gebucht haben. Mir bleiben noch zwei Tage, Rhodos und Heraklion.

Donnerstag, 11.07.2013 Insel Rhodos

Die Costa Mediterranea hat gerade um 7:00 Uhr im Hafen von Rhodos angelegt, da gibt es heftiges Schiffs-Sirenengebrüll am Heck: es kommt ein zweites, riesengroßes Schiff, die "MSC Lirica" in den Hafen, knapp am Heck der Costa vorbei. Sie kommt dann uns gegenüber zum Liegen.

MSC Lirica

Mannschaften spritzen dann mit einem Wasserschlauch auf die Taue, mit denen die Lirica am Hafenpoller befestigt ist. Erinnert ein wenig an die Geschichte vom Aufstellen des Obelisken in Rom, der zu fallen drohte, bis einer rief "Wasser auf die Seile!"

Eine große Überraschung dann am Landausflugs-Desk:

„Ihr Ausflug "0911 Besichtigung von Rhodos" ist storniert, Sie können ja das selber zu Fuß ab Schiff machen! Auch andere Ausflüge gibt es nicht, entweder ausgebucht oder nicht in deutsch. Auch kein Ausflug in englisch!"

Nun so musste ich zwangsweise mich vorab informieren, ein Buch hatte ich ja, das war sehr gut mit Rhodos ausgestattet.

Ich beschloss, die Altstadt am Vormittag zu besuchen.

Mein Buch informierte, dass der Platz des ehemaligen "Koloss von Rhodos" (eines der 7 Weltwunder der Antike) nicht eindeutig feststeht.

Er sei nicht, wie oft vermutet, an der derzeitigen Ausfahrt des alten Mandraki-Hafens gewesen, eher beim Apollontempel an Stelle des Großmeisterpalastes.

Die Stadt betritt man z.B. durch das alte Tor.

Die nächste Sehenswürdigkeit ist die "Straße der Ritter", mit den Ritterhäusern, in denen jetzt jede Menge an Behörden und Konsulaten untergebracht sind.

Die Strasse der Ritter

Oben am Ende der Strasse der Ritter steht der "Großmeisterpalast".

Da war Eintritt zu zahlen, ich fragte nach einem Seniorenticket.

Gegen Altersnachweis (Führerschein) kostete der Eintritt dann nur 3 EUR statt 6 EUR.

Plakat : Hier hat die EU mächtige 1,4 Millionen EUR mit dem Programm „Kreta und die Ägäischen Inseln" in den Großmeister-Palast (im mittelalterlichen Teil von Rhodos) investiert!

Eingang zum Großmeisterpalast

Im Erdgeschoß war eine Ausgrabungs-Antiken-Ausstellung, da herrschte Fotoverbot.

Im Obergeschoß viele Versammlungsräume in verschiedenen Stilen, voll mit geführten Besucher-gruppen. Hier konnte man wieder fotografieren, be-sonders interessant waren die Bodenmosaiken.

Das berühmte „Haupt der Medusa"

Draußen dann die erste Moschee, es sollten bis zum Hafen noch mehrere werden. Enge Gässchen, weiß bemalt, viele Geschäfte und Restaurants.

Ich hatte als Ziel das alte jüdische Viertel, das ich nach längerem Fußmarsch erreichte, der Stadtplan in meinem Buch war sehr gut und hilfreich.

Da gab es Gassen wie PYTHAGORA, SOKRATOUS, ARISTOTELOUS etc.

Die Synagoge "Kahal Shalom" war offen, fotografieren war verboten. Am Eingang stand ein junger Mann, der allen eintretenden Männern eine Kippa verpasste. Er erzählte mir, es seien nur mehr sehr wenige, sephardische Juden in Rhodos.

Dann wanderte ich wieder durch das Katharinentor zum Hafen und zum Schiff.

Zum Mittagessen auf der Costa Mediterranea gab es dann eine gute Gemüsesuppe und ein Glas Rotwein dazu. Die MSC Lirica war schon verschwunden.

Abends war natürlich wieder Tisch 51 dran, zum letzten Mal, denn morgen sollte es ab Heraklion wieder zurück nach München gehen.

Dann wurde verlautbart, dass man die Koffer bis 01:00 Uhr vor die Kabinentüre stellen solle und dabei aufpassen müsse, dass die Türe der Kabine nicht zufalle, da man sich dann aussperre......

Die Koffer würden dann bei der Landung in Heraklion auf dem Pier stehen, ohne Bewachung. Das fand ich äußerst doof und beschloss, den Koffer nicht vor die Türe zu stellen. Gottseidank fiel dann dem Management ein, im Teatro Osiris eine Gepäckaufbewahrung ein-zurichten, dort konnten die Koffer (nach Räumung der Kabine bis spätestens 8:00 Uhr - morgens!) bis 17 Uhr bleiben. Die Costa-Card war ab 8:00 Uhr zum Einkaufen ungültig, aber zum Frühstücken und Mittagessen brauchte man sie ja gar nicht.

Die Anordnungen zum Verlassen des Schiffes lauteten wirklich: Freitag um 8:00 Uhr (!) muss die Kabine geräumt sein. Einen Trans-fer zum Flughafen lehnte Costa strikt ab, Grund: ich hatte am Koffer eine schwarze Banderole, das bedeutete, ich flog nicht nach einem italienischen Ort.

Freitag, 12.7.2013 Insel Kreta, Heraklion

So wie gestern, war auch heute früh die Überraschung: mein ge-buchter Landausflug "0821 Knossos und Archäologisches Museum" in Heraklion ersatzlos gestrichen! Auch kein Ersatztermin oder ein anderer Ausflug möglich, da alles ausgebucht!

An Passagier-Wechseltagen (wie in Rhodos und nun in Heraklion) war Costa total unhöflich und abweisend, chaotisch, alles wurde storniert, wahrscheinlich, damit die Passagiere das Schiff möglichst schnell verlassen und nicht etwa noch - bis zum Ende der Costa-Card um 18 Uhr - zurück zum Schiff kommen.

Aber gerade das wollte ich, mein Flieger ging ja erst abends nach 21 Uhr. Ich wollte - am Abreisetag - noch zu Mittag essen und auch noch zur Kaffeezeit dableiben. Dass die Costa-Card schon "ungültig" war, störte mich nicht, ich konnte jedenfalls ohne Probleme bis 18:00 Uhr aufs Schiff und vom Schiff.

Ich wandte mich im Teatro Osiris an Marie, unsere deutsche Managerin, die bat mich, etwas zu warten, sicher kommen nicht alle. Das war auch der Fall, sie steckte mich in eine französisch-italienische Gruppe, sodass ich wenigstens den Transport nach Knossos und ins Museum samt Eintritt hatte. Auch versprach sie mir 10% Rabatt auf den Ausflug!

Der Bus fuhr dann gleich los und nach Knossos, wo ungeheuere Menschenmassen vor und im Freiluftmuseum von Knossos waren. Wir bewegten uns also über das Gelände, ich hörte die Erklärungen in französisch und italienisch, viel habe ich nicht mitgekriegt. Aber ich hatte mir schon vorher angesehen, was es zu besichtigen gab. Zur Besichtigung eines Gebäudes musste man sich sogar anstellen - und das in der prallen Sonne! Drinnen war eine "Antreiberin", die Leute, die zu lange vor dem Fresko stehen blieben, zum Weitergehen aufforderte.

Archäologisches Museum Heraklion

Dann ging es weiter in das Archäologische Museum in Heraklion, das war sehr schön, viele antike Plastiken, Mosaike, etc. Drei Säle hielt ich durch, dann war es mir zu heiß und ich ging hinaus, ein Eis essen. Dort traf ich dann wieder die zum Bus strebende Gruppe und kam so ohne Probleme wieder zum Hafen zurück und aufs Schiff, ohne den Umweg über das Hafengebäude!

Dort wurde dann zu Mittag gefuttert und Tee und Kaffee samt Kuchen gab es auch noch.

Die Abreise war dann so, dass ich mir meinen Rollkoffer aus dem Teatro holte und zum Schiffsausgang ging. Dort fragte ich einen Costa-Helfer, wo mein Bus zum Flughafen sei, doch der wies mich zu den falschen Bussen. Richtig wäre das "Hafen-Shuttle" gewesen, das mich schon vor 7 Tagen zum Schiff gebracht hatte, und durch das Hafengebäude kam ich dann zu den dort wartenden Taxis - in ausreichender Anzahl.

Es sollte wiederum 10 EUR kosten, der Taxler klagte mir sein Leid. Endlich habe er eine Fuhre, den ganzen Tag hätte man ihn herum-geschickt ohne Einnahmen. Ich gab ihm ein gutes Trinkgeld, worauf er sich sehr bedankte und sagte, nun sei der Tag für ihn wieder gerettet!

Ich musste dann noch ziemlich lange aufs Einchecken bei TUI war-ten, als wir dann zum Gate wollten, kam ein Flughafenmitarbeiter und führte uns ganz wo anders hin zur Sicherheitskontrolle. Der Flughafen hatte keine "Finger", man musste immer mit dem Bus zum Flieger fahren. Der TUI-Flieger war witzigerweise mit einer Werbung der Deutschen Bahn beklebt.

Das Flugzeug war komplett besetzt, der Kapitän sagte uns, wir werden 20 Minuten früher in München sein. Es gab auch wieder für mich den Gangplatz und Tomatensaft, aber der von Air Berlin war besser.

Ohne weitere Ereignisse kamen wir in München an, auch dort war es heiß, und ich nahm gleich die erstbeste S-Bahn, eine S8 über Marienplatz. Das war mir gleich, Hauptsache schnell weg. Und so kam ich dann gegen Mitternacht im Olympiadorf an.

Alles gut gegangen, nichts passiert, zu Hause alles in Ordnung. Es war ein schöner und interessanter Urlaub!

Kreuzfahrt mit MSC Poesia 16.-23.Mai 2015
Venedig-Bari-Katakolon(Olympia)-Izmir(Ephesus)-Istanbul-
-Dubrovnik-Venedig

Tag	Hafen	Ankunft	Abfahrt
1	Venedig, Italien	--:--	16:30
2	Bari, Italien	10:00	15:00
3	Katakolon, Griechenland	08:00	13:00
4	Izmir, Türkei	09:00	15:00
5	Istanbul, Türkei	07:30	16:30
6	AT SEA	--:--	--:--
7	Dubrovnik, Kroatien	11:30	16:30
8	Venedig, Italien	10:00	--:--

8 Tage - 7 Nächte

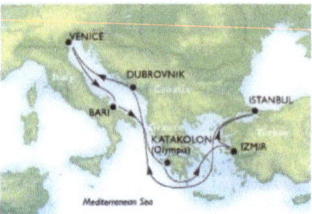

Planung und Vorbereitung

Wie ich schon Ende 2014 auf das MSC-Angebot im Internet kam,
weiß ich nicht mehr, es war jedenfalls günstig (Innenkabine, Allein-
nutzung, 1168 EUR). Da waren die Orte dabei, die ich noch nicht
gesehen hatte und es gab nur einen der berüchtigten "Seetage" (im
Prospekt: "Erholung auf See") zwischen Istanbul und Dubrovnik.

Im Gegensatz zu dem Smaragd-Reisebüro war eine Kreditkarten-
zahlung problemlos möglich.

Ich meldete mich per Internet - diesmal also ohne Reisebüro - direkt
an und bekam auch gleich eine Buchungsnummer. Damit war kaum
ein Nachteil verbunden, denn der Zugang/Abgang zum Schiffs-Hafen
war ja schon bei den anderen Büros nur unzureichend bzw. ab
Deutschland gar nicht angeboten worden. Eine Flugreise München-
Venedig zu verkaufen war ja für die Reisebüros offenbar uninteressant. Ich beschloss, per Bahn München-Verona-Venedig an- bzw.
abzureisen und dies mir selbst zu organisieren.

Das Kreuzfahrt-Ticket bekam ich dann als pdf-Datei per email!

Als ich dann etwa 3 Monate vor der Seereise meine Landausflüge
per Internet buchen wollte, war diese Möglichkeit nicht mehr vor--
handen. Es gab nur mehr die Buchung eines PKW-Abstellplatzes in
Venedig - uninteressant. Also musste ich MSC anrufen, dort sagten
sie, ja Sie haben schon eine Buchungsnummer und darum gibt es
keine Internetbuchung der Landausflüge mehr, schon sehr eigen-
artig. Aber immerhin schickten sie mir per Internet ein Formular für
Landausfüge, mit Preisen, das war in Ordnung, alle gebuchten Aus-

74

flüge mussten sofort per Kreditkarte gezahlt werden. Die 5 möglichen Landausflüge kosten dann zusammen EUR 345,-.

Rabatt gab es, wenn man sich für die vier von MSC ausgewählten Landausflüge entscheiden würde, die waren aber nicht nach meinem Geschmack.

Auch wurde mir wieder aufdringlichst ein "Getränkepaket" empfohlen zu EUR 135,-. Da war ich von den vorhergehenden Kreuzfahrten schon gewarnt. Als Alleinreisender ist das undiskutabel, so viel Schnaps für dieses Geld kann einer allein die sieben Tage auf See gar nicht trinken, ohne "see"-krank zu werden.

Ich fragte auch, wie komme ich vom Bahnhof zum Schiff, da sagte die Dame von MSC am Telefon: "Es geht ein Shuttlebus von Venedig Mestre zum Schiff, der kostet nur EUR 5 je Gepäckstück!" Das glaubte ich ihr, das war aber ein schlechter Rat, wie sich dann herausstellen sollte.

Eine Woche vor der Abfahrt buchte ich dann die Bahnfahrt im Internet nach Venecia Mestre, aber die Fahrkarte selber ausdrucken, wie sonst üblich, das war nicht möglich. Für diese Strecke gab es einen "Europa-Spez.Italien"-Preis, je Strecke in der 2.Klasse EUR 69. Für zusätzliche EUR 3,80 Gebühr wurde mir dann die Fahrkarte zugeschickt. Dummerweise kamen da noch ein Sonntag und ein Feiertag dazwischen und die Post streikte auch, sodass ich erst am Tag vorher, den 15.5., die Fahrkarten im Briefkasten hatte. Das war knapp!

Sicherheitshalber hatte ich vorher mit der DB telefoniert, die waren sehr freundlich und sagten, wenn das Ticket nicht zeitgerecht vorher da ist, gehen Sie bitte am Tag vorher zum Servicezentrum am Hauptbahnhof und kaufen die Karte nochmals, die erste Karte ersetzen wir Ihnen dann sofort. Doch dazu musste ich nicht schreiten.

Samstag, 16.5.2015 München-Venedig, Einschiffung

Also am Samstag, den 16.Mai startete ich, ich hatte einen sehr guten Platz in dem EC mit österreichischen Großraumwagen. Der Zug war nur mäßig besetzt. Ich besuchte, wie immer, den österreichischen Speisewagen "Hugo am Zug", diesmal für eine würzige Tomatensuppe.

In Bozen stieg dann ein Herr ein, der hatte, so wie ich, am Koffer bereits einen MSC-Anhänger, den fragte ich, ob er auch nach Mestre fahre. Da sagte er mir, das sei nicht gut, von der Endstation Venecia Santa Lucia seien es nach Auskunft seiner Reiseagentur "nur fünf Minuten Fußweg zum Schiffsterminal". Das war natürlich - wie sich später herausstellte - genauso falsch wie Mestre, aber ich beschloss, einfach bis Santa Lucia weiterzufahren, eine italienische Fahrkarten-kontrolle hatte ich auch diesmal nicht erlebt. Bei der Fahrt dorthin sah ich schon einige große Kreuzfahrt-Schiffe rechts im Hafen liegen (u.a. MSC Lirica, Amsterdam Line), aber doch noch in einiger Entfernung vom Bahnhof.

Es war noch eine gute Stunde Zeit bis zum Buchungsschluss bei der MSC Poesia, aber wie komme ich zum Hafenbahnhof Stazione Maritima? Nach Überwindung einiger schmaler Gassen und einer buckeligen Kanalbrücke mit meinem Rollkoffer standen da zwei Polizisten, die waren behilflich: "Fahren Sie mit der Bahn "People Mover". Die war dann vorne rechts um die Ecke, vollautomatisch, kostete 1,30 EUR und fuhr sofort ab, bei der nächsten Station stieg ich aus und war "da", in der "Stazione Maritima".

Ja und dann war ein längerer Fußmarsch angesagt, MSC hatte unterwegs, zur Aufmunterung ihrer Passagiere, ein Zelt mit einer Informationsdame, die schickte mich weiter und dann kam unterwegs noch ein MSC-Schalter zur Gepäckannahme mit Schlange davor, die sich nur langsam bewegte.

Davor war noch der obligate Fotograf: was soll ich sagen: in das Bild hatte er dann als Hintergrund unser Schiff und als Vordergrund ein Steuerrad hineinkopiert! An Bord sollte es dann EUR 40 kosten, als ich sagte, das sei zu viel, gab er mir nur ein Bild zum halben Preis.

Inzwischen war die Eincheckzeit schon fast abgelaufen und ich wurde unruhig, aber der MSC-Gepäckannehmer beruhigte uns, das sei nicht so schlimm mit den 2 Stunden vorher.

Dann war ich meinen Koffer los, aber das Schiff noch in weiter Ferne, ganz am Ende des Kais. Dorthin waren noch mehrere Korridore, diverse Sperren und Passkontrollen zu überwinden und dann war ich in der Halle, die mit Passagieren übervoll war (das Schiff war mit seinen 1200 Kabinen ausgebucht!).

Man bekam eine Wartenummer und wurde dann zu einem Schalter gebeten, dort nochmals Reisedokumentenkontrolle, Passkontrolle und dann kam endlich die MSC-Bordkarte. Dann musste man noch die Kreditkarte vorlegen, damit beim Aus-Checken die Bordkarte abgerechnet werden konnte. Nun konnte man sich auf dem Weg ins Schiffsinnere machen, vorher mit zweimaliger Passkontrolle, versteht sich. Meine Innen-Kabinennummer war mir schon bei der Buchung mitgeteilt worden, so konnte ich sofort hinein.

Das Schiff "MSC Poesia" war 2007 gebaut worden. Vor unserer Reise war es jedoch im Trockendock gewesen und war komplett innen entkernt und erneuert worden. Das Schiff ist für 2250 Passagiere in 1275 Kabinen und etwa 1039 Crew-Mitglieder ausgelegt. Es ist ca.294 m lang, 32 m breit und ca. 60 m hoch.

Die Kabine 10016 vorne im Schiff (am Bug, 10.Deck) entpuppte sich als ein Vierbettzimmer, zwei Betten unten, zwei darüber, wenn auch hochgeklappt. Das war also offenbar für eine Familie mit zwei Kindern bestimmt!

Eines der unteren Betten konnte man nur erreichen, indem man sich am hochgeklappten Bett beschwerlich vorbei zwängte! Da war also mehrmals täglich/nächtlich eine Verrenkungsübung notwendig, um in das Bett zu gelangen.

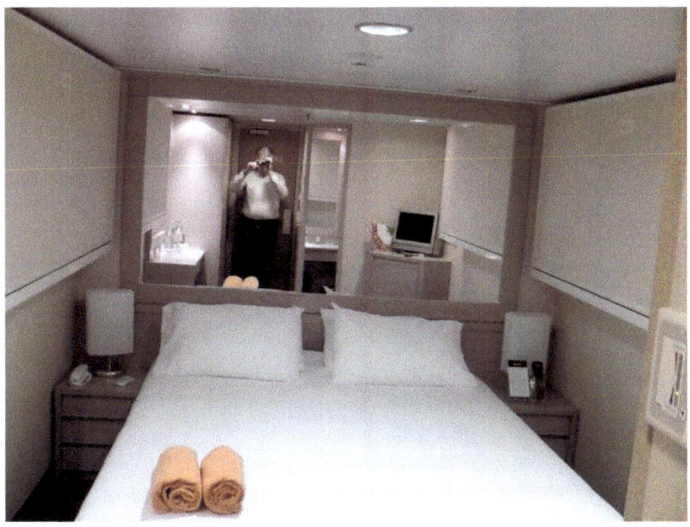

Zur Einrichtung gehörten: zwei Nachtkästchen mit vielen Laden (in einer fand ich schmutzige Tüten und eine halbleere, fettige Kikoman-Ölflasche, ich entsorgte sie an Deck in einen Abfalleimer), ein Tischchen mit Unterschrank, Fernseher mit Minibar (kosten-pflichtig) darunter, zwei Mineralwasserflaschen am Tisch (gegen Gebühr), ein geräumiger Schrank mit weiteren Schubladen.

Zum Licht-Anmachen musste man beim Betreten der Kabine die Bordkarte in einen Schlitz neben der Türe stecken.

Dusche/WC waren in Ordnung und funktionierten stets.

Der Fernseher war miese Qualität, von Hochauflösung (wie bei uns heute bei jedem Fernseher üblich) keine Spur. Man konnte eine Bugkamera und zwei Pool-Deckkameras anwählen.

Neben Bordvideos (Gebrauch der Rettungswesten, Sicherheitshin-weise, Vorstellung der Bordoffiziere - einer davon war:

Staff captain: Michele Schettino Italy (!)

auch mehrere deutsche Programme (Sat1, ARD, ZDF, RTL) und Filme (letztere gegen Gebühr).

Vorteilhaft war die Anzeige des Kontostandes der MSC-Bordkarte, so las ich z.B. am 21.5. eine Belastung von 141 EUR am Fernseher ab.

Internet war am Deck 7, es kostet EUR 3,50 für 10 Minuten.

Mein Koffer wurde erst nach der Abfahrt des Schiffes, nach dem Abendessen, vor die Tür gestellt.

Ich suchte dann das Buffet-Restaurant, das sollte am 13.Deck sein. Also hinauf mit dem Aufzug, dann war ich aber am Pooldeck, das musste man vorbei an zwei Pools und zahlreichen, aufgestellten Liegestühlen durchqueren.

Am anderen Ende, also am Heck des Schiffes, war dann das vierteilige Buffet, auf jeder Seite zwei Teile.

Das Angebot war meist etwas unterschiedlich in den vier Teilen, es empfahl sich daher, zuerst alles anzusehen.

Später dann konnte es vorkommen, dass zu bestimmten Zeiten nur ein Teil geöffnet war und nur ein sehr reduziertes Angebot vorzufinden war. Das Buffetrestaurant hatte zahlreiche dienstbare Geister zum Andienen von kostenpflichtigen Getränken, wie Mineralwasser, Orangensaft, Cola, Bier, Wein.

Buffet-Restaurant MSC Poesia

Ich testete einen Rose "Garda Chiara" zu EUR 4,50 das Glas, zuzüglich 15% Servicegebühr gleich EUR 5,18. Es gab aber immer eine Quittung: in Italien bestehen seit neuestem diesbezüglich strenge steuerliche Vorschriften!

Das Glas hatte keinen Eichstrich, angeblich hatte es 0,15 l Inhalt. Der Barkeeper, der den Auftrag von den Servicegeistern bekam, füllte es nach Gutdünken. Auch in der Bar-Getränkekarte waren keine Angaben zu den Mengen an Wein, nur der Preis!

Zum Essen: Natürlich Pasta in verschiedenen Formen (Amitriciana war sehr gut), dann Pizza (leider weder heiß noch knusprig, meist schon abgekühlt und zäh), meist auch Wurst und Käse (einmal sogar eine tolle rote scharfe Paprikawurst, hernach leider nicht mehr), fast immer eine Suppe (vorher ansehen, welcher Konsistenz?), fertige Salatschalen (nicht gut), ein großes Salatbuffet mit freier Auswahl der Salate und Saucen (sehr gut, die dorthin gestellten Teller flach, Schüsselchen standen nur bei den Süßwaren!), am ersten Tag ein exzellenter Rinderbraten, der wurde jeweils für jeden Gast extra abgeschnitten. Dazu noch Pommes und Bratkartoffeln. Eine Auswahl an Obst war zu haben, Wassermelone und Honigmelone, Fruchtsalat und zerteilte Kiwis. Die Melonen waren noch etwas unreif und kaum süß.

Das Restaurant hatte eine Abneigung gegen Teelöffel, es gab nur große Suppenlöffel - auch für das Dessert! - für den Kaffee und Tee hingegen einen in Papier verpackten Holzstab zum Umrühren!

Folgende Getränke waren zu den Mahlzeiten kostenfrei selber zu zapfen: Wasser (heiß und eisgekühlt), Kaffee, Tee, Milch (heiß und kalt). Zum Frühstück waren auch Fruchtsäfte zu haben: Orangensaft, Apfelsaft, Grapefruitsaft. Dieser Automat war dann zu Mittag und abends gesperrt!

Besonders erheiternd waren die deutschen Beschriftungen der diversen Speisen im Buffet-Restaurant:

"Niedriger dicker Nachtisch Auf Anfrage" (Low fat dessert on request)
"Kalt schneidet Auswahl" (Cold cuts selection)
"Panieren sie Auswahl" (Bread selection)

Da erklärt sich wohl das gestörte Verhältnis der Italiener zu den Deutschen und ihrer Sprache....

Zum Frühstück waren Eierspeise und harte Eier verfügbar sowie gebratener Bacon, allerdings verwendete der Koch dafür ein Fett, das nicht unbedingt mein Geschmack war.

Da das Schiff sich inzwischen (gegen 16:45 Uhr) in Bewegung gesetzt hatte, holte ich schnell meine Videokamera aus dem Rucksack und an Deck konnte ich dann die wunderbare Ausfahrt des Schiffes durch den Kanal von Venedig filmen! Alle bekannten Sehenswürdigkeiten (Markusplatz, Dogenpalast, San Marco usw.) konnten bewundert werden, das Wetter war sonnig und warm

Das Schiffe hatte ein 5.,6. und 7.Deck, dort waren die Serviceschalter, Reisebüro, MSC-Artikelshop, Fotogalerie, Läden, Internet-Cafe, Bibliothek, 2 Bedienrestaurants, Sushi-Restaurant, Salons und Casinos usw. zu Hause. Zum Aussteigen zu den Ausflügen diente das 4.Deck. Das Theater im 5./6./7.Deck war vorne im Bugbereich.

In der 13./14.Etage vorne war der Spa- und Wellnessbereich (gegen Gebühr), dort musste ich nicht hin. Am Heck des Schiffes gab es sogar einen Minigolf- und Tennisplatz!

Es gab sogar noch eine 16.Etage, die hieß: Exclusive Solarium.

Gut fand ich die dreistöckige "Musiklounge" (Decks 5, 6 und 7) mit unten einem Klavierspieler, der gelegentlich von einem Mädchen mit Geige und einem weiteren Mädchen mit Cello unterstützt wurde, hauptsächlich gab es klassische Musik zu hören.

Die vorgeschriebene Seenotrettungsübung wurde bei MSC recht locker gehandhabt. Zuerst stand da im Restaurant nur ein Mitglied der Besatzung stramm mit der Schwimmweste, aus dem Lautsprecher schallten italienische Kommandos, nach einiger Zeit und viel Getöse aus dem Lautsprecher zog er wieder ab.

Dann hörte ich zufällig eines Tages in meinem Zimmer auf dem Flur eine längere italienische Ansage, der eine kurze deutsche Ansage folgte, in einer Viertelstunde sei im Theater eine Seenot-Rettungsübung und man solle mit Schwimmweste und MSC-Bordkarte dort erscheinen. Nun, so zog ich mir eine der vier Schwimmwesten in meinem Zimmer an und ging zum Theater. Dort wurde ich zur Gruppe "D" geleitet und meine Karte gescannt. Dann ging es zum Sammelplatz "D" in einem der Salons und dann waren wir entlassen.

Es fehlte nicht der Hinweis, die Schwimmweste müsse wieder in den Schrank gelegt werden, sonst müsse sie berechnet werden.

Ich hatte noch keine Karte für den morgigen Landausflug Bari, die wurde mir erst so gegen 24 Uhr unter der Türe, zusammen mit der Bordzeitung für Sonntag, hindurchgeschoben.

In der Nacht "wackelte" das Schiff etwas, das gab es aber nur in der Adria, nachher war die Fahrt stets sehr ruhig. Ich versuchte in der Nacht den Handyempfang, der war nicht möglich.

Später dann, in Ufernähe, war fast überall Handyempfang über das jeweilige Partner-Festland-Netz von Vodafone möglich. Das sehr teure Telefonieren über Satellit war daher nicht erforderlich.

Sonntag, 17.5.2015   Bari

Zum Frühstück konnte ich neben dem guten Earl Gray Tee eine Eierspeise mit Speck ergattern, die musste man aber erst salzen. Der gezapfte Orangensaft war ungewöhnlich dünn, wahrscheinlich war der Sirupbehälter dazu schon leer, der Kaffee schmeckte anders, gewöhnungsbedürftig.

Bari, die Hauptstadt der Region Apulien (Puglese), liegt in Italien an der Ostküste des Adriatischen Meeres, es gibt dort einen modernen Teil und eine Altstadt, bemerkenswert sind die prächtigen Stadtmauern. Die MSC Poesia kam dort gegen 10:00 Uhr an, im Hafen verankert war ein Schiffswrack der Anek Lines, darauf hatte es offenbar mächtig gebrannt. Um 9:30 Uhr musste man sich in der "Zebra-Bar" einfinden zur Stadtführung "BAR01", EUR 42,90, Dauer 4 Stunden.

Beim Verlassen des Schiffes musste die MSC-Bordkarte vorgezeigt werden, die kam in ein Lesegerät und sofort ploppte dort am Bildschirm das Foto des Passagiers auf, womit sofortige Identifikation per "Gesichtskontrolle" gewährleistet war.

Es ging dann mit dem MSC-Bus 10 (mit deutschsprachiger Führung durch Angela, mit Frasca in italienisch) raus aus dem Hafengelände und zuerst in einen Teil der neuen Stadt, zum Schloss, das Finanzamt z.B. war im mussolinischen Stil prächtig anzusehen.

Entlang der wuchtigen Stadtmauern kamen wir in die engen Gassen der Altstadt.

Dort sah man Hausfrauen, vor ihrem Wohnhaus sitzend, die auf einem Küchenbrett ihre Teigwaren auswalzten und zum Trocknen in der Sonne ausbreiteten.

Die zahlreichen Kirchen der Stadt haben fast alle einen Bezug zum heiligen Nikolaus (San Nicola di Bari): überall sieht man seine Statuen, außen an den Fassaden und innen in den Kirchen.

In der Basilika San Nicola aus dem 11.Jhdt. ist in der Krypta auch sein Grab, das von vielen Pilgern besucht wird.

Ein Spaziergang auf der
entlang des Meeresstrandes
geführten Stadtmauer und
mit Außenbesichtigung des
alten normannischen Stadt-
schlosses folgte sodann.

Wir machten dann in der Stadt eine Pause, die ich zum Besuch einer Eisdiele nutzte, es war bei der Hitze eine gute Idee.

In der aus der Stadt hinausführenden Cavour-Strasse, an den zwei Theatern (eines davon auf Pfählen im Meer, im Hafen) vorbei, hatten sich zahlreiche Afrikaner als fliegende Händler niedergelassen und boten Schuhe, Damen-Handtaschen und einfache Textilien, auf dem Boden liegend, an.

Um 15:00 Uhr war dann Abfahrt Richtung Süden, nach Katakalon in Griechenland. In der MSC Cafeteria Villa Pompeiana war dann noch bis 16 Uhr das Buffet geöffnet - für ein spätes Mittagessen gut geeignet und im Pauschalpreis enthalten.

Ich machte mir selber anhand des üppigen Angebotes eine tolle Salatplatte mit Gorgonzolasoße.

Auch gab es an Bord eine Bibliothek, mit schönen Schränken voller Bücher, jedoch stets versperrt. Ich sah niemals jemanden in der Bibliothek, der dort las. Was konnte man sonst tun an Bord (nochmalige, beispielhafte Zusammenfassung):

Aus den Unterhaltungs-Tagesangeboten: Italiamore (Ital.Liebeslieder), Sailaway Party (am Pool), Bingo (im Teatro Carlo Felice), MSC Little Italy (Pigalle Lounge) und die DISCO Nacht (S32 Disco Deck 14 - ganz oben) und natürlich Roulette im Spielcasino auf 2 Tischen sowie zahllose Spielautomaten (ab 18 Jahren).

In folgenden Läden an Bord konnte man einkaufen: Duty Free Shop (Alkohol und Tabakwaren), MSC Logo Shop (Andenken), Juwelier-shop, Boutique, Parfümerie, Photo Shop, La Galleria Shop. Beispiel: 5 Schachteln Marlboro Red oder Gold: 110 EUR.

An Wellness-Angeboten: Pools und Whirlpool am 13.Deck, Fitness Center, mit und ohne Trainer, MSC Aurea Spa, Sauna, Türkisches Bad, Solarium, Jogging Strecke an Deck. Beispiel: 30 Minuten balinesische Massage EUR 70.

Für Kinder und Jugendliche gab es: Mini & Juniors Club I Dinosauri, Kids around the clock, Young Club und Teens Club c/o 532 Disco auf Deck 14.

Gegenüber Costa: leider keine Kirche/Gottesdienst an Bord.

Montag, 18.5.2015 Katakalon und Olympia

Ankunft im kleinen Hafen von Katakolon war gegen 8:00 Uhr, eigent-
lich nur ein einziger schmaler, langer Pier. Wichtig war auch, die
Uhren eine Stunde vorzustellen! Katakalon bzw. Olympia liegen am
Griechenland-Pelepones ("Fingerinsel"), also im südlichen Teil
Griechenlands, nahe der Westküste.

Der heutige Tagesausflug/Landausflug (EUR 69,00, ca.4 Stunden)
stand unter dem Motto: Ein Hauch antikes Griechenland KAT05.

Das Programm war: Fahrt vom Hafen Katakolon mit dem Bus nach
Olympia, den Ausgrabungsstätten deutscher Archäologen im
19.Jahrhundert, und Führung dort, sodann griechischer Imbiss und
Volkstanzvorführung in einer Gaststätte in Olympia.

Schon bei der Anreise dorthin erzählte uns die Führerin Saskia in
deutscher Sprache (ihre Kollegin Xanthippe in französischer Sprache), es bestehe seit 1892 eine Bahnverbindung von Katakolon über
Pirgos nach Olympia, eine der ersten Bahnen, die in Griechenland
gebaut worden waren. Wir kreuzten mehrfach diese Bahnstrecke,
einen Zug konnten wir aber leider nicht sehen. Die griechische
Bahngesellschaft TrainOSE betreibt die Schmalspur-Strecke mit
modernen Triebwagen.

Auf der Fahrt nach Olympia wunderten wir uns über die Müllhaufen, die haben dort offenbar keine Container und werfen die Mülltüten einfach an den Strassenrand..

Dann in Olympia zwischen den griechischen Säulen erklärte uns Saskia, dass die Olympischen Spiele gymnische Wettbewerbe waren, wobei "gymnos" in altgriechisch "nackt" bedeute, was auf die Art des Auftretens der Athleten bei den antiken Spielen (Bekleidungsverbot) hinwies.

Der Mythologie nach wurde Olympia von Zeus, dem Göttervater, erbaut.

Zu sehen gibt es den Zeustempel, das Gymnasion, das Hippodrom und das Stadion (für 40.000 Zuschauer) bzw. das, was davon heute noch existiert und ausgegraben wurde.

Saskia zeigt uns Olympia

Dann führte uns der Bus durch die Ortschaft Olympia hindurch zu einem Lokal, genannt „TOURIS CLUB", in dem ein leckerer, grie-chischer Vorspeisenteller (siehe Foto), Rose-Wein und Mineral-wasser für jeden bereitstand.

Es gab auch eine Speisekarte:

Menu
A la carte

Appetizers
Tzatziki   5.00 EUR
Beetroot salad   5.00 EUR
Cheese feta   3.00 EUR
Zukkini balls   5.00 EUR

Main Dishes
Gyros (tomatoes,
onions, peppers, pita) 10.00 EUR
Stuffed tomatoes   8.00 EUR
Spinach pic   8.00 EUR
Cheese pic   8.00 EUR
Mousakas   10.00 EUR
Spaghetti with minced
meat   8.00 EUR
Meatballs   8.00 EUR

```
Chicken with potatoes
in the oven        9.00 EUR
Stifado/Stew      10.00 EUR
Greek salad        8.00 EUR
Season salad       6.00 EUR
Yoghurt with sweet    4.00 EUR
Ice cream          4.00 EUR
```

Man konnte auch Landprodukte (hausgemachter Wein, Olivenöl) kaufen.

Zur Unterhaltung traten zuerst zwei griechische Volkstanzgruppen auf.

Die Tänzer holten sich dann Mittänzer und Tänzerinnen aus der Reisegruppe, sodass bald alle, Sirtaki tanzend, den Tanzboden belagerten und sich amüsierten.

Dienstag, 19.5.2015 Izmir und Ephesus

Zum Frühstück gab es heute sogar Baked Beans, die waren aber noch relativ hart, also zu wenig "baked". Den Zucker zum Tee gab es nur in kleinen Papiersäckchen, von denen ich jedesmal so an die 6 Stück besorgen musste. Zuckerstreuer waren bei MSC unbekannt.

Auch mit dem Salzstreuer hatte man bei MSC Probleme, es kam nichts heraus. Öffnete man dessen Deckel, fiel einiges an Salz sofort heraus und war feucht und zusammengeklumpt. So was sollte in einer Gastronomie heute nicht mehr vorkommen.

In Izmir (Smyrna) war ich ja schon mit Costa, damals wählte ich eine Stadtführung mit Museen, Moschee etc.

Diesmal sollte es nach Ephesos gehen, Landausflug IZM02 ca. fünf Stunden, EUR 62.00.

Interessant wiederum: wie handeln die Türken in Izmir die Visumpflicht für mich als Österreicher? Gewitzt durch widersprüchliche Auskünfte von Reisebüros etc., erkundigte ich mich schon in München nach den Formalitäten. Das türkische Konsulat in München gab kompetent Auskunft: kein Visum für Touristen erforderlich, es soll aber noch dieses Jahr eine Anmeldemöglichkeit im Internet geschaffen werden.

Die Kontrolle der Türken bei der Ein- und Ausreise erfolgte dann unbürokratisch so, dass man nicht den Pass, sondern nur die MSC-Bordkarte vorzeigen musste!

Die Busfahrt ab Hafen Izmir bis Ephesus dauerte über eine Stunde, zwischendurch wurde auch eine Pause bei einem Cafe am Straßenrand mit Einkaufsmöglichkeit gemacht.

Die Gebäude am Straßenrand hatten gelegentlich thermosolare Wasserbereitungsanlagen, den Behälter gleich am Dach, ähnlich wie in Israel. Photovoltaik hingegen konnte ich nirgendwo sehen.

Beschreibung: "Die antike und einst so glanzvolle Stadt Ephesos, gegründet in 1000 v.Chr., die in ihrer Blütezeit mehr als 250.000 Einwohner hatte, ist heute eine riesige Ausgrabungsstätte."

Wir besichtigten

- ein großes Theater mit 25.000 Sitzplätzen - siehe auch den
  Paulusbrief in der Bibel: "Groß ist die Artemis von Ephesos!",

- antike Badeanstalten,
- eine groß angelegte Toilettenanlage mit Marmorsitzen,
- den Hadrianstempel,
- die großartig aufgebaute Front der Celsus-Bibliothek
- und die "Marmorstrasse".

Die Celsus-Bibliothek

Unsere Führerin berichtete, unter der Celsus-Bbliothek hätte es einen unterirdischen Gang gegeben, der zum Bordell der Stadt führte. Wenn dann jemand in Ephesos sagte, er gehe in die Bibliothek, dann war damit der Besuch bei den Damen gemeint.

Am Ende der Führung durch Ephesos gab es noch diverse Verkaufs-stände für Getränke, Andenken etc. Ein Bier kostete dort 4 EUR!

Nach dem Besuch von Ephesos führte man uns zu einer Ziegen- und Schaflederwaren-Fabrik in der Nähe.

In einem verdunkelten Raum gab es dann zuerst eine Modenschau mit weiblichen und männlichen Mannequins, dann wurden wir in die Vorführ- und Verkaufsräume gebeten. Dort war dann die Fortsetzung der Vorführungen. Eine Lederjacke sollte laut Auszeichnung 1800 EUR kosten, der Verkäufer sagte uns aber, 600 EUR sei möglich.

Ich war nun neugierig geworden und ließ mir eine Lederjacke zum Anprobieren geben, die Größe war 62! Die hatte aber so enge und kurze Ärmel, dass ich sofort wieder auszog. Auch ein anderes Exemplar passte mir gar nicht. Der Verkäufer lief nun zur Höchst-leistung auf, er lief mir sogar bis nach draußen in den Garten nach und erniedrigte den Preis auf EUR 300, wenn ich nur Cash oder mit Visa zahlen würde. Das war mir dann doch zu türkisch.

Mittwoch, 20.5.2015 Istanbul

Die Einfahrt in das Marmarameer durch die Dardanellen soll ja sehenswert sein. Leider war es, als das Schiff diese Meerenge passierte, schon finster und es regnete auch etwas, man konnte nur vereinzelt Lichter am Strand sehen. Da ging ich dann doch lieber ins Bett.

Als wir dann in Istanbul anlegten, war die Aussicht auf die Stadt, europäische und asiatische Seite, ganz großartig. Die Stadt Istanbul soll 20 Millionen Einwohner haben.

MSC-Bus Nr.1 brachte uns von der Schiffs-Anlegestelle in die Stadt. Der Autoverkehr war enorm, dazwischen sahen wir auch eine Stras-senbahn quer durch die Stadt. Aus einem Linienplan von Istanbul konnte man die verschiedenen Linien ersehen, z.B.:

- Sultanahmet Tram (Strassenbahn)
- Taksim Metro
- Atatürk Airport Metro
- Topkapi Tram
- Kadiköy Metro
- Basaksehir Metro

Am interessantesten davon ist sicher die Marmaris U-Bahn unter
dem Bosporus, die Instanbuls europäische Seite mit Asien ver-
bindet.

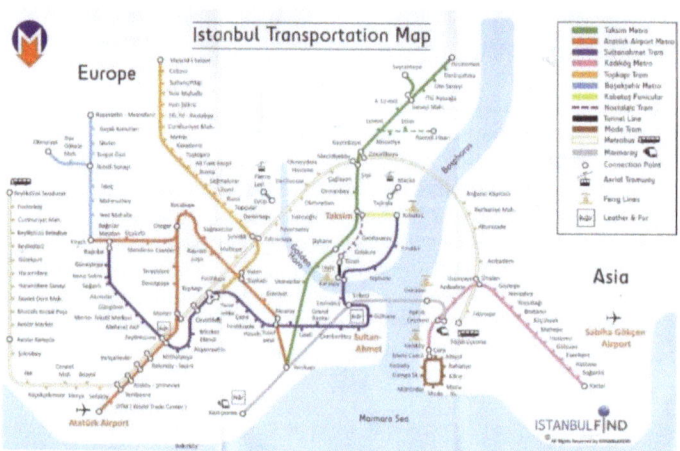

Leider war zu deren Besichtigung keine Zeit, denn unsere Tour war
komplett auf den MSC-Bus Nr.1 abgestimmt, sodass wir kein
öffentliches Verkehrsmittel benutzen konnten. Mehrfach fuhren wir
mit dem Bus am "Orientexpress-Bahnhof" nahe dem Bosporus
vorbei.

Wir kamen gerade zur Öffnung der "Blauen Moschee (Sultanahamet
Camii) " zurecht. Man musste sich anstellen, die Schuhe ausziehen
und in einen schwarzen Plastikbeutel mit sich tragen. Ein Kontroll-
posten, bestehend aus einer strenge blickenden und korrekt ver-
schleierten Türkin, hatte es auf die Dress der weiblichen Besucher
abgesehen.

In der blauen Moschee (genannt nach den innen verwendeten, blauen Kacheln) komplett mit Teppich ausgelegt, jedoch nur ein Teil für die Besucher begehbar:

"Visitors stay behind the line. Thank You"

faszinierten zwei mächtigen Säulen, "Elefantenfüße" genannt, die das Gebäude trugen, die Kanzel in der Ecke gegen Mekka und die prächtigen Verzierungen und arabischen Schriften. Bilder sind ja in Moscheen nicht zulässig.

Die Moschee hat vier Minarette, was bereits eine Herausforderung war, denn Mekkas Moschee hatte auch nur vier.

Das Innere der Blauen Moschee

Die 1663 erstellte "Neue Moschee" in Sultanahamet hat allerdings schon 5 Minarette!

Beim Ausgang war ein Hinweis: "To understand Islam, please contact our specialist in the islamic information center"

Der Führer erzählte uns, eine blaue Kachel der Moschee koste am Markt 5000 EUR.

Am Ausgang der Moschee war eine komplizierte LED-Ziffernanzeige, unser Führer erklärte uns, dies seien die täglich sich ändernden Gebets-Zeiten der Moslems, und die Zeit der Rufe des Muezzins zu denselben:

3:44 - 5:05 - 13:08 - 17:03 - 20:28 - 22:10 Uhr

Dann waren wir in einer Teppichhandlung mit großem Vortrag über Knüpf-Verfahren etc. Zahllose verschiedene Teppiche wurden uns vorgelegt.

Irgendwann fiel auch die Nennung eines Preises: "1500 EUR", womit für mich die Teppichvorführung beendet war.

Ich machte mich dann in der folgenden einstündigen Pause auf den Weg zum großen Basar "Grand Bazaar Kapalicarsi", mit angeblich mehr als 4000 Shops, der in der Nähe war.

Dort gab es hauptsächlich Schmuck, Uhren, Juwelen, Teppiche und Kleidung zu kaufen, aber nur ganz wenige Läden boten Süßwaren, Gewürze und Lebensmittel an.

Dort kaufte ich eine Tüte osmanisches Gewürz, eine Schachtel Lokum (EUR 6,00) und zwei Schachteln "Turkish Delight" für meine Mädchen.

Istanbul Großer Bazaar

Im großen Bazaar von

Istanbul

Zu der Wahl "Topkapi Palast" oder "Zisterne" kam es nicht, der Führer brachte uns zu Fuß zum Eingang eines enorm großen, unterirdischen Wasserbehälters, eben der "Yerebatan Zisterne", mitten in der Stadt, in den wir hinabstiegen, 80.000 Kubikmeter Wasser enthaltend. Unten war es recht dunkel. Erstaunlich waren die karpfenähnlichen Fische in dem Wasser und eine Säule mit dem Bild der Medusa, dieses aber einmal querliegend und einmal kopfstehend.

Nun war ein mehrgängiges Mittagessen angesagt, dazu fuhren wir
über das "Goldene Horn" in den gegenüberliegenden anderen
Stadtteil.

Am Ufer des Bosporus war ein Nobelhotel "Ceraga Palace Kempin-
ski Istanbul", wo wir mit einem Buffet und sehr guten Speisen und
Getränken, Wein inklusive, und von der Terrasse mit Blick auf den
Bosporus und die Straßenbrücke verwöhnt wurden.

Am anderen Ufer des Bosporus konnte man den bekannten Bahnhof
der Bagdadbahn, Haydapasar, erkennen.

Zum Schluss war dann die berühmte "Hagia Sofia" dran, das war
zuerst ein Palast, dann eine Kirche, dann eine Moschee, heute ist
sie quasi ein Museum. Es gibt sogar eine Galerie im 2.Stock, von der
aus man in das Gebäudeinnere sehen kann. Dort hinauf führt aber
keine klassische Treppe, sondern zwei steil ansteigende Rampen im
Treppenhaus. Ich vermutete, dass diese dazu dienten, um hinauf zu
reiten.

Der Bus brachte uns dann zum Schiff zurück, wir zeigten unsere MSC-Bordkarten vor und durften die Türkei wieder verlassen.

Ich probiere am Abend im Self-Serve-Restaurant eine "Pizza mit Tomaten und scharfer Salami" (Beschriftung an der Theke), die Pizza war aber weder heiß noch knusprig, sondern lauwarm und zäh, an der Unterseite stellenweise verbrannt.

Das war also eine Pizza am Buffet, gegen gesonderte Bezahlung gab es aber einen "MSC Pizza Delivery" mit 12 verschiedenen Pizzen, Telefon 99, Wartezeit 20..30 Minuten.

Donnerstag, 21.5.2015 Seetag ("Erholung auf See")

So ein "Seetag" erfreut die Reederei natürlich sehr, alle Passagiere sind schon da und geben hoffentlich viel Geld an Bord für Getränke, Wellness, Schmuck, Spielcasino, Fotos, Juwelen, Souvenirs, Kleidung usw. aus.

Ich bekam ein schriftliches Angebot, für eine Führung durch die technischen Teile des Schiffes, genannt SHIP 01: Die grosse Enthüllung, EUR 39,90. Treffpunkt im Teatro Carlo Felice auf Deck 6 um 8:45 Uhr.

So etwas Ähnliches hatte es schon bei AIDA, nicht hingegen bei COSTA gegeben. Letzteren steckte damals wohl noch die Costa Concordia in den Knochen.

Zuerst besichtigten wir die Bühnentechnik im dreistöckigen "Teatro", mit Kostümfundus und Steuerungscomputer (mehrfach vorhanden). Man erzählte uns: Die auftretenden Künstler fahren aber nicht die gesamte Kreuzfahrt mit, sie werden in den Häfen eingeflogen.

Dann sahen wir die Wäscherei, einmal fürs Personal, dann die für die Fahrgäste. Faszinierend eine automatische Bügel- und Zusammenlege-Maschine für die Bettwäsche (unser Führer sagte: "Sehr teuer!").

Aus der Küche kam sofort der amtierende Chefkoch und war sehr freundlich und auskunftsbereit. Meine Standardfrage nach der Behandlung von Zwiebeln in seiner Küche beantwortete er: "Teils werden Zwiebel von Hand bearbeitet, teils mit einer Maschine gehackt!"

Der Chefkoch zeigte uns auch seine Nahrungsmittellager, da fiel auf, dass alles in Kartons verpackt war, offene Karotten z.B. waren nicht zu sehen. Er hatte auch eine Liste der mittleren täglichen Verbräuche dabei, Beispiel Pasta 141 kg, Kaffee 43 kg, Yogurt 1788 Becher, Milch 828 Liter, Rindfleisch 400 kg usw. Für über 2000 Personen an Bord fand ich das eher wenig.

Zum Abschluss gab es dann im bordeigenen Sushi-Restaurant eine Vorführung der Erstellung der Sushi-Häppchen und jeder bekam so ein Test-Essen - sogar mit einer Portion Washabi (kannte ich noch nicht, war aber genauso scharf wie gut) samt einem Glas Wein nach Wahl.

In den Maschinenraum (wie bei der Aida) durften wir nicht, auch der Besuch der Brücke und das Foto mit dem Kapitän (wie bei AIDA) war bei MSC nicht dabei.

Am Abend beschloss ich, auch einmal das MSC-Bedienungsrestaurant an Bord zu besuchen. Das Essen dort ist im Pensionspreis enthalten, nur die Getränke sind zu bezahlen.

Dazu musste man sich aber zuerst mit der MSC Bordkarte anmelden und bekam dann einen Tisch zugewiesen, ich hatte diesen für mich allein. Aus der Speisekarte wählte ich aus:

- Argenteuil Spargelsuppe mit Tapioca-Perlen
- Gegrillte Riesengarnelen
  auf Schnittlauch-Krustentier-Bisque mit Gemüse-Pilawi

Beide Gerichte waren sehr gut.

Das Glas Wein war bei diesem Abend gratis, es gab was zu feiern (was, wurde nur italienisch verlautbart).

Die Kellner marschierten auf und trugen jeder ein flambiertes Gericht, alles applaudierte. Ich bekam davon dann eine Portion Eis mit Sahne.

Freitag, 22.5.2015 Dubrovnik (Kroatien)

Die Einfahrt in den kleinen Hafen von Dubrovnik war eindrucksvoll. Schon von weitem konnte man die große Tucman-Brücke sehen, die über einen Flussarm neben Dubrovnik führt, das an einem Berghang liegt. Die Altstadt kommt aber erst rechts dahinter in Sicht und liegt ganz nahe am Meer. Ich hatte als Landausflug gebucht: Dubrovnik und seine alte Stadtmauer, DUB09, EUR 42,90, Dauer ca. 3,5 h.

Der Bus fuhr nun zuerst unter dieser Brücke durch in das vom Meer abgehende Tal, kehrte dann um und befuhr eine Straße hoch über der Stadt und Altstadt, kehrte dann nochmals um und brachte uns dann endlich in die Altstadt von Dubrovnik.

Die Führerin erklärte uns, in nur 3,5 km Entfernung sei bereits der Staat Bosnien/Herzegowina.

Die Währung von Kroatien ist der KUNA (KN), Kurs ist 7 Kuna für einen Euro. Es wurde aber überall der EUR angenommen.

Das Altstadtzentrum von Dubrovnik gehört zum UNESCO-Weltkulturerbe.

Die ganze Altstadt und der Hafen ist von den berühmten, fast 2 km langen Stadtmauern mit Türmen und Wehranlagen umgeben, die man alle begehen kann. Da ist also Stiegensteigen und Klettern angesagt, bis man ganz oben am höchsten Punkt der Mauern ist.

Eine Seilbahn führt von der Altstadt den Berg am Ufer hinauf, von einer Schweizer Firma gebaut.

Wieder unten angekommen, gab es dann einen Shuttlebus zum Schiff zurück.

Samstag, 23.5.2015 Venedig, Ausschiffung

In der Nacht hatten sie mir meine Abrechnung unter der Zimmertüre durchgeschoben, ich hatte demnach MSC ermächtigt, per Kredit-karte abzubuchen, zusammen waren das EUR 159,15 für:

Internet 5 Tage a 10 min a 3,50 = EUR 24,50
Servicegebühr je Tag 8,50, also 8 x 8,50 = EUR 68,-
(der konnte man bei Bedarf täglich widersprechen)
1 Foto EUR 19,90, 1 MSC Mütze EUR 7,50
Exkursion "Inneres des Schiffes" EUR 13,50
3 Gläser Rose Wein a 4,50 = EUR 13,50 zzgl.15% Service
Spende für Unicef EUR 1,- (die wurde einfach abgebucht, ohne uns zu fragen!)

Die Minibar hatten sie schon am Vortag zugesperrt und die beiden Flaschen Mineralwasser am Tisch entfernt.

Die Kabine war bis spätestens 8 Uhr zu räumen, aber dann konnte man noch nicht vom Schiff. Die Passagiere wurden in zahlreiche Gruppen eingeteilt, die erste (blaue) Gruppe durfte um 9:30 Uhr vom Schiff, die letzte (rosa) Gruppe erst um 10:45 Uhr.

Mich hatte man, da ich keinen Zugang/Abgang zum Schiff bei MSC gebucht hatte, in die letzte Gruppe versetzt. Das war fatal, da mein Zug von Venecia Mestre um 11:02 Uhr ging! Deshalb war ich am Tag vorher schon beim Serviceterminal vorstellig und bekam nach einiger Diskussion eine blaue Kofferschleife, konnte also das Schiff dann ab Sammelpunkt um 9:30 Uhr verlassen.

Dann hat allerdings kein Mensch die Kofferschleifen kontrolliert, diese dienten den Gepäckträgern nur dazu, am Vortag die Koffer (vor die Kabinentüre gestellt) abzuholen und geordnet (im großen Haufen) im Erdgeschoß des Ein-Aussteigerterminal abzustellen. Ich fiel jedoch gar nicht auf, mein Rollkoffer ging als „Handgepäck" durch. Bis auf die MSC-Bordkarte war nichts mehr vorzulegen und es wurde auch keine Pass- noch Zollkontrollen mehr vorgenommen.

Die Dame vor mir in der Schlange wurde aber nicht hinaus entlassen, beim Scannen ihrer MSC-Bordkarte auf dem Aus-Checkterminal gab es großen Alarm: es erschien eine rote Schrift und ein schriller Ton war zu hören: Sie hatte noch nicht gezahlt! Also zurück, Cash oder Kreditkarte war vorzulegen.

Ich hatte mich zuvor beim Kundenserviceschalter der MSC nach alternativen Transportmöglichkeiten zum Bahnhof erkundigt, da sagte man mir: Venedig ist eine Lagunenstadt, gibt es gar kein Taxi, nur Wassertaxi! Das war dann die letzte Falschinformation von vielen.

Draußen waren wir also sehr schnell, es war kalt und es regnete

Da beschloss ich, in Anbetracht der doch etwas knappen Zeit mich nicht mehr im Regen zurück zur Santa Lucia, sondern gleich nach Venecia Mestre zu bewegen: ein Taxi (Landtaxi, kein Wassertaxi) stand da und war gerne bereit, mich um EUR 35 (Preisauszeichnung außen am Taxi!) nach Mestre zu fahren.

Das geschah dann auch sehr rasch und auf direktem Weg, ich war dafür und für das freundliche Gepäckhandling durch den Taxler sehr dankbar.

Am Bahnhof kaufte ich mir dann Chicken Wings bei McDonalds und, ganz toll, die Süddeutsche Zeitung vom Wochenende!

Der Zug war ein italienischer "Frecce Bianca" (das heißt „Weisser Pfeil", es gibt auch einen „Frecce Rosso" (Roter Pfeil) und einen „Frecce Argento" (Silberpfeil). Alle diese Züge sind mit Reservierungspflicht, die zwar nichts kostet, aber ein spontanes Nutzen verhindert.

Unser Zug war pünktlich und voll besetzt, es war ja das Pfingst-Wochenende.

In Verona Nuova musste man umsteigen, diesmal funktionierten am Bahnhof sogar die Aufzüge und Rolltreppen, wie auch zuvor schon in Mestre.

Italienischer Fernverkehrszug „Frecce Bianca"

Dann kann von Bologna der EC (mit österreichischen Wagen) nach München. Bemerkenswert: in meinem Waggon saßen zwei Afrikaner, die sich sehr selbstbewusst aufführten. Da kam ein Reisender, der hatte eine Sitzplatzreservierung genau für den Platz, auf dem der eine Afrikaner saß. Der war aber nicht gewillt, den Platz zu räumen, es ergab sich eine lange Diskussion, in deren Verlauf er als Beweis sogar eine Platzkarte hervorzog. Diese war aber, wie der eine Reisende sofort feststellte, von gestern, was den Afrikaner aber nicht veranlasste, den Platz zu räumen! Da der Wagen nicht sehr dicht besetzt war, gab der Reisende nach und setzte sich wo anders hin.

Leider hatte der Zug, da er von Bologna kam, keinen Speisewagen noch Bistro noch ein Kaffee-Trolley.

In Trient kam dann die bewaffnete Polizei in den Waggon, einer in Uniform, einer zivil, und wollte von dem Afrikaner das Ticket sehen (bisher war seit Verona kein Schaffner gekommen). Außer einem langen Geplänkel hatte der Afrikaner nichts vorzuweisen.

Dann wollten die Polizisten seinen Pass sehen, auch da produzierte er zuerst nur eine längere Rede, dann nahm er seine afrikanische Kappe ab und zog daraus ein Papier, der Polizist sagte dazu aber sofort nur: "No!"

Beim Rückweg nahm sich die Polizei auch den zweiten Afrikaner vor, der hatte ebenso weder Ticket noch Pass. Der erste hatte im Gepäckfach einen rosa Koffer, den ließ er zurück, als ihn die Polizei dann abführte.

Kurz vor Brixen kam dann der Polizist und holte den Koffer ab (wohl aus Sicherheitsgründen). In Brixen war dann eine stattliche Schar von etwa 10 Afrikanern am Bahnsteig zu sehen, als der Zug abfuhr, gestikulierten sie heftig.

Für die restliche Reise war dann Ruhe im Wagen. Im Fahrplan las ich, dass der Zug nicht am Ostbahnhof halten würde, also machte ich mich auf den langen Weg mit dem Koffer am Hauptbahnhof gefasst.

Der EC fuhr dann erstaunlicherweise nicht beim Ostbahnhof vorbei, sondern schwenkte über Trudering nach Norden ab!

Über Daglfing und Johanneskirchen ging es über die Isar und den Europark zum Rangierbahnhof Nord und dann über Moosach und Laim zum Hauptbahnhof, also rund um München herum! Diese Route war ich zuvor noch nie gefahren. Wahrscheinlich war wegen Bauarbeiten am Südring diese Umleitung eingerichtet worden.

Mit einer kleinen Verspätung war ich dann gegen 19 Uhr zu Hause.

Alles gut gelaufen, gesund zurück, Reise ok.

Aber bis auf den Service des Veranstalters betr. Zugang/Abgang Schiff, der war miserabel.